marcovalerio

STEFANO FLORIS

L'ironia

ovvero
la filosofia del buonumore

marco valerio

Stefano Floris
L'ironia
ovvero la filosofia del buonumore

Via Vittorio Emanuele II, 29 - 10060 Cercenasco TO - stampa in proprio

ISBN 9788888132136

I edizione - maggio 2003
Ristampa 4 5 6 7 8 9

Ai miei genitori,
che mi hanno sempre dimostrato,
e mi dimostrano tutti i giorni,
che le Cose Serie esistono; eccome!
E così, solo così – non potendo
essere altrimenti – mi hanno anche
insegnato a ridere; eccome!

Prefazione

Una sfida di linguaggio: l'ironia

De re ironica. Così il nostro giovane studioso pensava il suo lavoro, lasciandoci immediatamente percepire non soltanto l'argomento della sua trattazione, ma anche il tono, per così dire, lo stile del suo incedere. Argomento e stile che si rimandano l'un l'altro in una dialettica sottile, che lucidamente si esprime sui limiti e le aperture della nostra epoca. E ora, nel bel testo che andremo a leggere, Stefano Floris riprende il suo discorso, coinvolgendoci nel gioco del pensiero, che attraversa il XX secolo nella sua totalità, consegnandolo come una sfida al nostro terzo millennio. Gioco filosofico alto, oltreché semiotico, in cui si ricapitola e si discute ancora una volta la tendenza egemone del pensiero occidentale, e cioè la tendenza a leggere razionalmente il reale fino a possederlo entro i confini di un sapere interamente dispiegato. E' il cammino della metafisica e del suo tentativo di portare l'Essere al Pensiero attraverso il Linguaggio, tessendo la trama di una "scienza rigorosa" universale e necessaria, approdo per una Verità senza residui, frutto di una ragione che basta a se stessa, risposta ultima a tutti i problemi dell'umano. Ragione poi che, nell'epoca moderna, si è colorata della valenza soggettiva, che ha fatto dell'uomo *le maître et possesseur de la nature et de soi-même* – come vuole Cartesio con il suo *Cogito*.

Soggettività forte, dunque, che nell'atto del pensiero immediatamente coglie il suo essere e, a un tempo, si fa fondamento e garanzia di una realtà tutta scritta in termini razionali, "chiari e distinti" - diremmo parafrasando ancora categorie cartesiane. Tuttavia, quel weberiano "disincanto del mondo", che ne scaturisce e che caratterizza l'uomo dei Lumi, il quale "osa sapere" e perciò stesso spezza i suoi legami con le illusioni del passato, paradossalmente si è venuto a trovare di fronte ad una nuova e più acuta illusione, e cioè precisamente quella che alla scienza aveva affidato l'esame dell'umano essere-nel-mondo nella sua globalità. Peraltro, nel *sapere aude!* Kant aveva presente la valenza di limite, legata all'intelletto conoscente, che può ben dettar legge alla natura in una sorta di seconda rivoluzione copernicana, ma non può esercitarsi al livello della ragione pratica e delle sue idee regolative.

Ma la prudenza kantiana doveva poi cedere il passo ai vertiginosi progressi della scienza, che nel XIX secolo porteranno alla emancipazione della scienza stessa dalla filosofia. Felice distacco, possiamo oggi dire, che nondimeno ha trasferito sul metodo scientifico quella esigenza di verità, nella quale tradizionalmente si era espressa la domanda filosofica radicale. Ora, l'evo contemporaneo mette in crisi proprio la sicurezza che la ragione - e in particolare la ragione scientifica - sia in grado di soddisfare alla umana domanda di senso in tutte le sue sfaccettature. In proposito, emblematica appare la proposizione 6.52 del *Tractatus* di Wittgenstein: "Noi sentiamo che, anche una volta che tutte le *possibili* domande scientifiche hanno avuto risposta, i nostri problemi vitali non sono ancora neppure toccati. Certo allora non resta più domanda alcuna; e appunto questa è la risposta" (6.52).

Se, a questo punto ci soffermiamo su un passo del nostro Autore, in cui afferma che "si deve accettare che la ragione, sia come la intendono i razionalisti, sia come la intendono gli empiristi, non è poi così certa ed evidente", sarà chiaro che lo scopo della ricerca mira alla misura di un nuovo sapere. Misura contrastiva rispetto all'episteme dell'Uno che, negativamente, si manifesta nel rifiuto di qualsiasi rappresentazione univoca dell'io e del mondo; positivamente, procede dall'Uno ai molti, i "molti modi" di dire l'Essere di cui già Aristotele si era fatto interprete. Allora, la misura del nuovo sapere appare come la conquista del pensiero all'indomani del *sospetto*, che ha investito la ragione nella sua pretesa di portare a dicibilità universale e necessaria la Verità, rigorosamente scritta e presuntamente posseduta "con la maiuscola".

Il lavoro del Nostro, pertanto, assume la valenza di una provocazione, ma questa non punta a distruggere bensì ad assumere la complessità che caratterizza la nostra epoca "post-moderna" – come si suol dire – senza lasciarsi sedurre dalle fughe nihilistiche, che sembrano imporsi dopo la crisi della ragione totalitaria. E tra le "molte voci" della complessità risuona quella dell'ironia che, nelle parole di Stefano Floris, deve conservare la "capacità di mantenersi simpatica, in virtù del fatto che non dovrebbe schierarsi mai e mai imporsi, bensì solo educatamente e gentilmente sfiorare, accarezzare col dubbio". E se il dubbio tocca la razionalità con il sospetto, come abbiamo notato sopra, il cammino non si paralizza ché anzi si trova innanzi a possibilità alternative, magari derivanti da una reinterpretazione delle figure della Tradizione a noi giunte soffocate o rimosse dal posto del sapere: l'ironia, allora, diventa una chiave di lettura che fa del nostro essere-nel-mondo un progetto di ricerca all'interno di un orizzonte inesauribile di senso. Ricerca in comune, come avveniva nel dialogare socratico, dove l'ironia del Maestro non era segno di superiore tracotanza bensì un umile mettersi in cammino con l'altro, giacché il sapere di non sapere è stimolo costante all'ulteriorità, movimento della vita che incessantemente si rinnova.

Da questo punto di vista, il saggio di Stefano Floris è il tentativo ben riuscito di un progetto di comunicazione, che nel dialogo con la cultura di appartenenza, esperisce un pensare di più e altrimenti, che ermeneuticamente si colloca *in medias res*, rinunciando alla pretesa di stare al principio o alla fine del pensare stesso. E, allora, per concludere, al giovane studioso vogliamo augurare la felice perseveranza nel questionamento radicale che, nel mettere in discussione il questionante stesso, si fa progetto di modi nuovi di abitare il mondo.

Daniela Iannotta

Introduzione

Che il fare dell'ironia corrisponda a dileggiare e sbeffeggiare un eventuale avversario di opinione è, forse, niente altro che un luogo comune. Ciò emerge chiaramente dai manuali di retorica, di letteratura e di filosofia che affrontano l'analisi di questa figura retorica. Ma come mai questa accezione crudele dell'ironia? Forse il termine viene usato impropriamente?

La risposta non è semplice, visto che la figura retorica di cui parliamo certamente nasce come artificio argomentativo atto ad ottenere ragione in un dibattito; tuttavia sarà poi vero anche che il *modus agendi* di tale *tropo* comporta necessariamente l'irrisione dell'avversario e delle sue congetture?

Ciò che secondo noi conduce a questa rappresentazione furbesca, impietosa e cinica dell'ironia, è il vincolo con cui la si lega indissolubilmente al riso: sarebbe insomma improprio, nell'interpretazione dell'ironia, il legame troppo stretto stabilito tra questa e suoi eventuali effetti comici.

Nell'ammettere infatti che uno degli effetti imprescindibili del procedimento ironico è il riso, vi è un grave rischio: proprio che si finisca col vedere nell'ironia uno strumento di irrisione. Infatti se è vero che l'ironia suscita il riso, è vero anche che ridere è sempre un ridere di o per qualche cosa e questo qualche cosa non potrà essere altri che l'avversario o le sue argomentazioni.

La conseguenza più grave, tuttavia, e il vero errore di questa interpretazione dell'ironia, non sta tanto nel farne una tecnica di irrisione, quanto nel farne uno strumento retorico di difesa dello *status quo*. Il Perelman[1] sembra constatare come l'ironia sia usata spesso nelle argomentazioni di difesa; egli illustra come il riso ironico sia un riso "di esclusione" ovvero un riso che ha lo scopo di intimorire e di sanzionare chi osa opporsi ad opinioni consolidate. A far uso dell'ironia sarebbero gruppi sociali che si difendono da un contestatore, oppure rappresentanti di valori socialmente accettati che contrastano degli obiettori. Come dice Bergson: "il riso castiga i costumi"; e ancora: "se Arpagone[2] ci vedesse ridere della sua avarizia si correggerebbe"[3].

Insomma ironizzare vorrebbe dire mantenere la coesione di un gruppo ridicolizzando ed escludendo chi propone dubbi; un esempio potrebbe essere la descrizione di Sempronia fatta da Sallustio nel *Bellum Catilinae*:

> *Faceva parte del gruppo Sempronia, una donna: ma aveva compiuto più volte azioni temerarie più di un uomo. La fortuna le aveva dato tutto: la nascita, la bellezza, il marito, i figli; era istruita in letteratura greca e latina, cantava e sonava con grazia, più che non sia necessario a una donna onesta; e sapeva fare molte altre cose che sono incentivi alla lussuria. Il pudore, la dignità erano l'ultima cosa per lei; non avresti saputo dire a che cosa tenesse di meno, se al denaro o al buon nome; lussuriosa tanto da sollecitare gli uomini prima di essere richiesta; di regola, mancava di parola, non pagava i debiti e le era accaduto persino d'esser complice di delitti.*[4]

---

[1] Cfr. C. Perelman-L. Olbrechts Tyteca, *Trattato dell' argomentazione*, Einaudi, Torino 1989.

[2] Personaggio principale dell'Avaro di Molière, personificazione dell'avarizia.

[3] H. Bergson, *Il riso. Saggio sul significato del comico*, BUR, Milano 1996, p. 46.

[4] Cit. da G.B. Conte-E. Pianezzola, *Storia e testi della letteratura latina*, vol. II, Le Monnier, Firenze 1991, p. 272.

Ciò che Sallustio voleva stigmatizzare, era appunto un tipo di donna che nulla aveva a vedere con il modello femminile proposto dalla tradizione romana: ricca, colta, disinibita, insoddisfatta del ruolo che le era assegnato nella società, amante del lusso, avida di esperienze trasgressive.

In effetti, questo brano, come anche gli insulti ricevuti da Cristo nella descrizione evangelica della passione e anche le corbellature ai danni di Don Chisciotte, sono certamente ironici, ma, come si è detto, non dobbiamo per questo fare dell'ironia un artificio di difesa conservatrice, un gesto imperioso che riduce al silenzio ogni contraddizione del sistema vigente.

A ben vedere, in realtà, chi ha il coraggio o l'audacia o la presunzione di opporsi a opinioni o costumi generalmente accettati, esponendosi così alla ridicolizzazione, dimostra egli stesso un atteggiamento ironico.

Come dice il poeta russo Alexander Blok: "fare dell'ironia vuol dire allontanarsi"[5].

Ebbene sì, ironia, oltre che ridicolizzazione, vuol dire anche senso di distacco, indifferenza ad ogni regola, opinione, usanza o pregiudizio. Se prima abbiamo visto un'ironia come servizio per il potere, leggiamo ora quanto dice Soren Kierkegaard su quella che possiamo chiamare un ornamento del discorso: "Ma quanto [...] emerge dell'ironia, è la libertà soggettiva, che tiene ad ogni istante in suo potere la possibilità di un cominciamento, senza l'intralcio di legami anteriori. In ogni cominciamento c'è qualcosa di seducente, poiché il soggetto è ancora libero, e questo è il piacere desiderato dall'ironista. In istanti così, la realtà perde ogni valore, e lui la sovrasta in libertà"[6].

---

[5] Cit. da V. Jankélévitch, *L'Ironia*, Il Melangolo, Genova 1997, p. 30

[6] S. Kierkegaard, *Sul Concetto Di Ironia*, BUR, Milano 1995, p. 254.

Come non dare ragione a Kierkegaard, se solo ricordiamo Socrate, padre dell'ironia, condannato a bere la cicuta perché accusato di non credere agli dei riconosciuti dallo stato. Non solo, anche gli aforismi (e non solo quelli) di Friedrich Wilhelm Nietzsche sono esempi di una ironia che contesta ogni cosa si poggi su una tradizione: il cristianesimo, la morale, la filosofia, le donne persino.

Eccone un esempio:

> *Il verme calpestato si rattrappisce. E questa è una cosa intelligente. Diminuisce infatti le probabilità di venire calpestato un'altra volta. Nel linguaggio della morale: umiltà.*[7]

Ci sembra, a questo punto, di aver evidenziato due concezioni, due rappresentazioni dell'ironia in trasparente contrasto; da una parte è stato descritto un artificio pedagogico e di difesa conservatrice, dall'altra un atteggiamento di libera espressività contestatrice.

Ciò che volevamo dimostrare, con questi due esempi volutamente estremi, è che l'espressione ironica possiede una ricchezza infinita di utilizzazioni, nasconde una pletora inestricabile di intenti che possono opporsi l'un l'altro e, di conseguenza non può essere circoscritta e designata sotto un'unica forma; l'ironia non può essere assunta come un concetto definito, essa va descritta nella sua mole proteiforme.

Per questo la definizione semplicemente di costrutto linguistico, di artificio poetico che ne dà la retorica (cioè una figura la cui caratteristica è di dire l'opposto di quanto si pensa), non può essere accettata, se non come una figurazione parziale e assolutamente non esaustiva.

---

[7] F. W. Nietzsche, *Il Crepuscolo degli Idoli*, Newton Compton, Roma 1980, aforisma n° 31.

Riprendendo adesso l'opposizione tra ironia come sberleffo contro un contestatore e ironia come motto supremo proprio di contestazione, non potremo trattenerci dal dire che tale contrasto è esso stesso ironico.
Ma ironico in che senso?
In un altro senso ancora: nel senso forse più utilizzato. Ci sembra di poter dire che, comunemente, si chiama in causa l'ironia per indicare la simpatia, l'allegrezza suscitate da una situazione inaspettata, come ad esempio un borseggiatore a sua volta borseggiato.
Un verso come questo di Orazio potrà aiutarci:

> *Quel galantuomo di mio padre me l'ha insegnato, a fuggire i vizi, facendomeli conoscere uno ad uno con degli esempi*[8].

La confessione del poeta è indubbiamente ironica, ed è un ottimo esempio di ironia nel senso di semplice facezia, di burla senza pretesa alcuna.

Sicuramente, insomma, quello dell'ironia è un concetto affascinante proprio in ragione del suo carattere variegato ed *in toto* inafferrabile. Ci proponiamo allora di mostrare, nel corso della trattazione, come l'ironia accompagni il pensiero umano sin dal suo nascere, e come, in questo viaggio, abbia vestito i panni sia di una figura retorica, sia di una tecnica argomentativa, sia di un principio filosofico ed estetico, sia di un atteggiamento etico e persino di una disposizione mistica.
Ecco perciò che l'aura di mistero che avvolge l'ironia, riduce ogni tentativo di definizione ad uno scrupolo ridicolo.

---

[8] Abbiamo tratto questa citazione delle *Satire di Orazio.* da G.B.Conte-E.Pianezzola, op. cit., p.418

A che pro dunque il nostro sforzo?

E' vero si che l'interpretazione dell'ironia segue la storia dell'uomo e soprattutto l'evolversi della sua cultura, e non può stupirci l'andamento assai capriccioso che ne contraddistingue l'uso; tuttavia v'è un ganglio, un nucleo di aspetti che caratterizzano questo tropo lungo il suo percorso; anche se quasi mai tutti insieme sono stati presi in considerazione e delineati per completare almeno un profilo esteso del concetto.

Proprio questo vorremmo imporci di fare qui: scandagliare quanti più aspetti e sfumature possibili di quello che è chiamato artificio o atteggiamento ironico. Nell'illustrare ciò che rileveremo, saremmo lieti infine, non di svelare la vera natura dell'ironia, ma di poter elogiare ciò che questa, ne siamo sicuri, nasconde di importante.

Sarà nostra soddisfazione, speriamo, mostrare in conclusione un atteggiamento unico ed essenzialmente, radicalmente umano e, proprio in quanto tale, un modo d'essere profondamente teso al comunicare.

Prevalente, lo vedremo, sarà un giudizio negativo nei confronti dell'ironia, presentata come figura pregna di pessimismo ed incoraggiante ad una indifferenza relativistica; vedremo anche però che, se la Verità non appartiene all'uomo che come tensione, allora specificamente l'ironia sarà senz'altro una angolazione positiva dell'esistere.

Solo l'ironia è in grado di rifiutare il Nulla senza possedere la Verità, posta come è in bilico tra fanatismo e scetticismo, tra presunzione e indifferenza superficiale, tra certezza e nichilismo e persino tra ragione ed istinto.

Ora, poiché una trattazione di tutti gli usi e tutte le interpretazioni dell'ironia (qualora fosse mai possibile) non potrebbe mai risultare ordinata e conseguente, ciò che si è pensato di fare è stata un'analisi, ripartita in diversi capitoli, di alcuni motivi isolati che si accompagnano al dibattito sull'ironia da sempre (anche se a volte in maniera non molto esplicita).

Nel proporre questi argomenti in se stessi apparentemente conchiusi, speriamo non solo di poter coinvolgere quante più sfaccettature e spiegazioni dell'ironia, ma anche di far emergere distintamente quella che è la nostra visione personale di un concetto forse troppo fecondo.

«Nello stato di malattia i sogni
si distinguono spesso per una non
comune concretezza ed evidenza
e perchè rassomigliano in
modo straordinario alla realtà»

(F. Dostoevskij)

Capitolo 1

Il soggetto

Il gioco dell'ironia

Quando il poeta Archiloco giunse a Sparta, ne fu immediatamente scacciato, poiché risultava che avesse composto dei versi in cui sosteneva che è meglio gettare le armi piuttosto che morire:

> Lo scudo! Uno dei Sai se ne fa bello, adesso. Era perfetto.
> Presso un cespuglio (non lo feci apposta)
> lo lasciai. Ma la vita salvai. Lo scudo? Al diavolo!
> Uno più bello me ne rifarò[1]

Questi versi del lirico greco Archiloco (VII sec. a.C.) sono la chiara esemplificazione di un fenomeno culturalmente importantissimo, sono l'espressione più celebre di quella che il Canfora definisce una sostanziale novità, ovvero l'affermarsi, in modo anche provocatorio, di un nuovo atteggiamento mentale individualistico sconosciuto all'epica. Archiloco è in sostanza il primo poeta a parlare di sè,

---

[1] Abbiamo tratto questo frammento (fr. 5 West) dell'opera di Archiloco da L. Canfora, *Antologia della letteratura greca*, Vol. I, Laterza, Roma-Bari 1987, p. 375.

a fronte di una tradizione epica nella quale non compare alcun intervento personale del poeta, e nulla infatti si sa di Omero.

Con Archiloco il soggetto trova la sua consapevolezza e lo fa contrapponendosi al mondo omerico, i cui valori non sono nel complesso rifiutati, bensì sottoposti a critica personale, e il vaglio assume spesso le forme dell'ironia («*sette sono i caduti, mille siamo gli uccisori*»)[2].

E' indubbio che l'individualità, per emergere, ha dovuto distaccarsi da un modo di fare poesia e da un sistema di valori che erano impliciti in esso, e appunto l'ironia è un atto di separazione e di distinzione, privo tuttavia dei toni definitivi e drastici del rifiuto; l'allontanamento ironico rimane sempre incerto, poiché tale è il carattere dell'ironia: ogni sua mossa resta ambigua.

Secondo Kierkegaard l'ironia è certamente una determinazione del soggetto[3], ma ciò pone di fronte a una questione complicatissima: che tipo di soggetto viene a formarsi insieme all'ironia?

Il soggetto ironico sarà un individuo che dubita o, al contrario, sarà certo di ciò che egli è e di ciò da cui si distanzia? L'ironista è uno spavaldo o un vigliacco? E' un innovatore, un propositore di nuovi valori per tutti o un semplice ribelle che si isola volendo godere di piena libertà? Avrà costui un intento o sarà il suo uno sfogo; cercherà di instaurare un dialogo con chi lo circonda e con la tradizione, oppure il suo fine sarà arrestare ogni discussione perché inutile?

Per Kierkegaard proprietà dell'ironia sarebbe una certa alterigia derivante dal fatto che vuol farsi capire ma non

[2] Abbiamo tratto quest'altro frammento (fr. 101 West) da L. Canfora, *Storia della letteratura greca*, Laterza, Roma-Bari 1989, p. 59. E' evidente che festeggiare la vittoria quando si è combattuto in mille contro sette è ridicolo.

[3] Cfr. S. Kierkegaard, *Sul Concetto di Ironia*, cit., pag. 242.

apertamente[4], così che comparirebbe soprattutto nell'alta società, la quale, come è noto, aspira a non farsi capire universalmente. L'ironia sarebbe allora sulla strada dell'isolamento. L'interpretazione che il filosofo danese fa di Socrate e della sua ironia è, in conseguenza a ciò, del tutto negativa; a suo dire Socrate non introdusse infatti nulla di nuovo, bensì «rigettò il sussistente e si rinchiuse, si confinò egoisticamente in se stesso»[5].

In sostanza il soggetto che emerge dall'ironia, a parere di Kierkegaard, è un povero emarginato che, dopo avere rigettato tutto un sistema sociale e di valori, «ristà lì, forma che attende di essere riempita»[6]. Perciò, sempre secondo la sua interpretazione, il comportamento di Socrate consisteva in questo: «si rivolgeva a ciascuno in particolare, lo spogliava di tutto e lo spediva via a mani vuote»[7]. Il motto socratico «conosci te stesso» per Kierkegaard significa semplicemente separa te stesso da altro.

Insomma la conclusione è che l'ironia risulta un momento puramente negativo che sì libera il soggetto, ma appunto in negativo: «nella storia universale, Socrate è una sorta di trattino sospensivo del pensiero». Ma, attenzione, è anche «il nulla con cui si ha però da cominciare». «Prima di alzare la voce, la verità esige il silenzio, e fu Socrate a doverlo fare. Perciò fu solo negativo»[8]. Per Kierkegaard l'ironia è l'eccitante della soggettività, ma di una soggettività sfrenata, infinitamente libera e che in questa stessa libertà trova il suo limite; da buon cristiano, infatti, Kierkegaard fa notare che a Socrate «mancò l'og-

---

[4] Per la retorica, l' ironia corrisponde alla figura detta antifrasi, che consiste nel far capire altra cosa da quella che si dice. Cfr. R. Barthes, *La Retorica Antica*, Bompiani, Milano 1994.

[5] S. Kierkegaard, op. cit. p. 174.

[6] *Ibid.*, p. 176.

[7] *Ibid.*, p. 178.

[8] *Ibid.*, pp. 203 e 214.

gettività in cui la soggettività è libera nella pienezza della sua libertà, quell'oggettività che è il limite non restrittivo, ma espansivo della soggettività»[9].

L'interpretazione ora esposta dell'ironia socratica non è certamente comune, ma la particolarità dei suoi toni potrà essere spiegata considerando il fatto che Kierkegaard, nel ridimensionare Socrate, vuole criticare *in primis* la presunzione ancor più smodata dell'io-soggetto romantico. I filosofi Romantici si accorsero, come Socrate e come Archiloco, che l'originale, il sacro, l'inaudito, l'incontestabilmente definito, visto da vicino, si scompone in molteplici fattori e lascia trasparire le sue radici per nulla universali; così che, per quanto i dogmatici si diano da fare, «una dolce ironia comincia a divertire i passanti»[10].

Se tuttavia Archiloco giocò con l'eroismo omerico e Socrate contestò la realtà che era propria della Grecia del suo tempo, i romantici passarono il segno e arrivarono a negare l'esistenza stessa del mondo; Fichte, Novalis e Schlegel gonfiarono a tal punto il soggetto da farne il padrone dell'oggetto, della natura, del reale. Grazie all'ironia il soggetto romantico sminuisce il mondo; «l'ironia è possibilità di giocare, di volare in cielo, di far giochi di prestigio con i contenuti sia per negarli, sia per ricrearli. Schlegel si concede la libertà, ma una libertà irresponsabile, una libertà che non avrebbe altro oggetto che il piacere di esercitarsi»[11].

L'ironia intesa in questo senso perviene così ad assomigliare alla *epochè* di Husserl, ovvero alla distanziazione grazie alla quale il soggetto si fonda, o meglio pretende di trovarsi nella sua autenticità. Ma la fondazione è pericolosa poiché il soggetto è vero si libera, ma la libertà che

---

[9] *Ibid.*, p. 214.

[10] V. Jankelevitch, *L' Ironia*, Il Melangolo, Genova 1997, p. 36.

[11] *Ibid.*, p. 26.

ottiene può presentarsi sia come svincolo dai suoi terrori, obblighi e doveri, sia anche come perdita delle certezze acquisite.

A voler essere chiari, più che un soggetto libero, qui si vede prendere forma un individuo rinchiuso nella solitudine, come già notava Kierkegaard; a questo punto non si può non far notare che il soggetto ironico, così descritto, possiede in verità il potere di divertirsi giocando col reale, e tuttavia è lecito chiedersi quanto possa essere divertente questo giocare da soli.

E' questo allora il risultato del pensiero ironico? Un soggetto-padrone come quello di Schlegel e dei romantici? Uno smargiasso irrispettoso che diventa schiavo della libertà; una voce tronfia con cui è impossibile dialogare e che, in nome della libertà ad ogni costo, si chiude nell'indifferenza a tutto tranne che a se stesso?

L'uomo si fa dio e, gongolandosi in una serietà fasulla, si dimentica che nemmeno gli dei possono guardarsi senza ridere: ce lo dimostra Omero nel racconto del tradimento compiuto da Afrodite e Ares ai danni di Efesto, marito della dea.[12]

L'ironia invita il soggetto a credere in se stesso e con Schlegel viene a sopprimere un termine del contraddittorio soggetto-oggetto. Tuttavia se l'uomo si dimentica di ciò che lo circonda, altrettanto non avviene per quel che riguarda la parte avversa: il mondo non solo si rammenta dei singoli, ma si premura anche di farsi da questi ricordare. Non è permesso all'individuo farsi dio e la *hybris* che gli è propria troverà sempre il castigo compiaciuto dell'universo, ovvero si scontrerà con l'*ironia della sorte*. Questa è la vendetta della realtà sull'uomo; quanto più ci esaltiamo tanto più il destino si appresta a ridere di noi, rammentandoci i nostri limiti.

[12] Cfr. *Odissea*: secondo canto di Demodoco.

Viene alla mente quel gran libertino che fu Lorenzo da Ponte, letterato e scrittore di libretti per opere. Persona incline a frequenti avventure erotiche nonostante l'abito religioso che indossava, fu bandito, a causa dei continui scandali, prima da Treviso e poi da Venezia, dal tribunale della bestemmia. Ebbene quest'uomo spudorato, incontrando quello spirito immenso e insieme semplice e infantile di Mozart, osò proporgli questi versi per l'opera *Don Giovanni*:

ZERLINA:
Vedrai carino,
Se sei buonino,
Che bel rimedio
Ti voglio dar.

E' naturale,
Non dà disgusto,
E lo speciale
Non lo sa far.

E' certo antidoto
Che porto addosso,
Dare te' l posso
Se il vuoi provar.

Saper vorresti
Dove mi sta?
Sentilo battere,
Toccami qua![13]

Fu proprio il destino, nella persona di Mozart, a burlarsi di Da Ponte e a fare di questa aria una tra le più toccanti, romantiche e struggenti dell'intera opera del musicista

---

[13] L. Da Ponte, libretto per l'opera *Don Giovanni*, in «Amadeus», n° 2 Aprile 1995, p. 72.

salisburghese; come afferma Eduardo Rescigno, Wolfang Amadeus fu «capace di trasformare in un sorriso d'angelo un suggerimento equivoco di Da Ponte»[14]. L'esperienza con Mozart lasciò un segno indelebile nel poeta veneto e l'ironia della sorte fece di quel dissoluto un amorevole padre di famiglia e un marito esemplare[15].

Non è sempre necessario però attendere che il tempo si prenda gioco del nostro pavoneggiarci; assai astuto è precedere la sua «vendetta» e colpirci da soli con l'*autoironia*. Quando siamo noi stessi a sminuire il nostro io ipertrofico, diamo uno smacco al destino precedendolo nella derisione e tutto si compie senza traumi.

D'altra parte basterebbe riflettere appena un po' di più per mutare l'ironia sulle cose in ironia su noi stessi; come Erasmo da Rotterdam sapeva bene, osannarsi e riverirsi è una pazzia: «la vita degli uomini soggiace a infiniti malanni [...] senza parlare poi dei mali che l'uomo cagiona all'uomo»[16].

Sembrerebbe così che la stessa ironia che aveva esaltato il soggetto giunga ora a ridimensionarlo, riportandolo ad un più giusto equilibrio. Anche qui tuttavia scorgiamo un rischio: se infatti, grazie all'ironia su se stessi, l'autofondazione e l'autogiustificazione dell'esistenza rimarranno il paradiso perduto di romantici e idealisti, dobbiamo altresì impedire anche che il ridere di noi stessi non divenga un atto di aggressione alla nostra dignità. Non dimentichiamo che nell'agiografia cristiana[17] l'ironia era vista come il rifiuto gioioso da parte dei santi della stima mondana. Purtroppo, nel tardo medioevo, un tale atteggiamento degenerò alquanto, sino al disprezzo e odio della pro-

---

[14] *Ibid.*, p. 32, e consulta la stessa rivista anche per una guida introduttiva storica, filologica e musicale dell' opera mozartiana.

[15] Cfr. L. Da Ponte, *Memorie-Libretti per Mozart*, Garzanti, Milano 1976.

[16] E. da Rotterdam, *Elogio della Pazzia*, BUR, Milano 1994, p. 55.

[17] Cfr. *Enciclopedia Filosofica*, Sansoni, Firenze 1967, alla voce "*Ironia*".

pria persona, vista come misera e peccatrice tanto da meritare l'autofustigazione.

E' dunque necessaria l'autoironia, ma senza raggiungere dosi che vorremmo definire antipatiche, visto che ciò che ci sembra essenziale conservare dell'ironia è la sua capacità di mantenersi simpatica, in virtù del fatto che non dovrebbe schierarsi mai e mai imporsi, bensì solo educatamente e gentilmente sfiorare, accarezzare col dubbio. Vi sono peraltro persone che si sono fatte avvinghiare dall'ironia sino a permettere che prendessero il sopravvento sentimenti di sfiducia, remissività, fatalismo.

Per Pirandello l'ironia (ma lui parla di umorismo) è un sentimento tragico e l'ironista è un «uomo fuori di chiave» a cui non può nascere un pensiero che subito non gliene soggiunga un altro opposto; è un povero disilluso che piange e ride nello stesso tempo annichilendosi nell'incertezza. Lo stesso scrittore siciliano ricorda il Leopardi come uno dei più grandi umoristi quando ne sottolinea queste parole: «Io sto qui deriso, sputacchiato, preso a calci da tutti, di maniera che se vi penso mi fa raccapricciare. Tuttavia mi avvezzo a ridere e ci riesco...»[18].

Anche Miguel de Unamuno scrisse, nella «Conclusione» del trattato *Del sentimento tragico della vita*: «Esiste infatti un'altra più tragica inquisizione, quella che l'uomo moderno, colto, europeo [...] si porta dentro. Vi è un ridicolo ancor più terribile, ed è il ridicolo che uno prova dinanzi a se stesso e verso se stesso. E' la mia ragione che si fa beffe della mia fede e la disprezza»[19].

Così l'ironia con un secondo movimento opera la distruzione di quanto aveva edificato e l'uomo da dio si sbriciola facendosi pulviscolo nell'universo.

---

[18] Cfr. L. Pirandello, *L' Umorismo*, Newton Compton, Roma 1993, p. 10.

[19] M. De Unamuno, *Del Sentimento Tragico della Vita*, SE SRL, Milano 1989, p. 263.

Il gioco dell'ironia si è ripetuto come sempre e il risultato è un ribaltamento ancora una volta ironico. Ma è proprio così che l'ironia agisce: rovescia i limiti nel loro opposto e, solo quando la confusione si fa tragica, si permette di sfoderare quello che ci sembra il vero riso ironico. Un sorriso lieve, che del ridere grasso e tracotante si prende malinconicamente gioco, e che invece al riso isterico e disperato rimembra con allegria i suoi pianti di infante.

L'ironia ha simpatia per tutti, perché tutti riesce a comprendere; la sua curiosità l'ha portata su tutte le strade e tutte le strade continua a farle percorrere.

L'ironia accomodante

Lo sbaglio è nel fare dell'ironia un processo logico e un passo estremo.

L'errore sta nel soggetto che, tramite l'intenzione ironica, svilisce ciò che lo circonda autoesaltandosi o, al contrario, fa del reale qualcosa di inafferrabile, incomprensibile e totalmente incontrollabile giungendo all'autocommiserazione.

Sembrerebbe che il rapporto del soggetto ironico con l'oggetto si debba a forza mantenere su un livello di tipo estremistico; in realtà l'ironista che rifiuta il reale perché si sente autosufficiente o che rinuncia al mondo perché si vede imbelle e misero, non è un buon ironista.

L'atteggiamento propriamente ironico dovrebbe invece stabilire una relazione assai più proficua e appagante tra l'individuo e la realtà e tra l'individuo e se stesso. L'ambiguità dell'ironia è, a nostro avviso, un'incertezza che la costringe al rapporto continuo con se stessa e con la realtà.

L'aporia in tutto questo è evidentemente nel fatto che si fa della intenzione ironica una intenzione seria e coerente. Se si vuole essere ironici occorre esserlo sino in fondo e fare di ogni posizione definitiva un «forse». L'ironia dubita, non cancella e non effigia; la presa di distanza ironica non può mai ritenersi ultimativa; il viaggio della nostra figura retorica umoristica presume spesso un ritorno, e nemmeno questo conclusivo. Perciò colui che si presumeva libero si ritrova a cozzare contro la realtà, mentre colui che si credeva in balia della stessa realtà si accorge di presentare una solida resistenza.

Volenti o nolenti il mondo è in rapporto vivo con il soggetto e non può nè rifiutarlo nè rinunciarvi, poiché ciò che lo circonda è anche unicamente ciò che ne può fare un vero e proprio individuo. Ovvero non un essere pieno che si pasce nella sua abbondanza, nè un essere vuoto che nulla riesce o ha voglia di trattenere, bensì un uomo che riconosce il bisogno di un rapporto e la necessità di giocare con ciò che lo circonda.

In sostanza chi presume di annullare la relazione con quanto e con chi gli sta attorno, tramuta la sua volontà di ironizzare in una faccenda seria e finisce col divenire antipatico e scortese senza che ciò lo preoccupi.

Il soggetto pessimista o presuntuoso in questione è una fonte di scandalo, la sua ironia è orientata ad ottenere il clamore, vuole rivendicare la propria originalità e basta; per cui non si cura di conoscere e comprendere ciò che abbandona, semplicemente crede di doversene staccare per seguire la sua personalità e libertà. È così che questi finirà col parlare solo di se stesso, credendo di avere come primo obbligo la propria cura. Ma il discorso che ci è consentito nella solitudine non è altro che quello dei sofisti, un lirico vaniloquio!

Chi si distanzia dalla realtà non può allora essere pienamente soggetto, poiché il vero soggetto è in qualche modo un «artista» (nel senso di artefice, artigiano, ma anche nel senso vero e proprio del termine); ovvero è un uomo in possesso di ciò che chiamiamo ***stile***, il quale non è altro che la caratteristica tipica dell'individuo cosciente di sè e in grado di esprimere la propria personalità.

Ebbene, l'individuo che ha trovato il proprio stile sa benissimo[20] che questo non è altro che il risultato di un compromesso tra le capacità personali (le quali non sono nè onnipotenti, nè nulle) e la struttura della realtà (che non è nè inesistente nè sovrastante).[21]

Insomma il soggetto è capace di comporre la realtà, ma non totalmente a suo piacere, poiché questa si oppone alle forzature. Inoltre è la realtà stessa che si offre nella sua costruzione al soggetto, ma costui non la subisce, bensì la interpreta. E lo stile non è che l'armonizzarsi di questo rapporto: l'eccentrico e il dimesso non possiedono stile, sebbene lo vantino; sono frutto di un rapporto insano con la realtà e con la tradizione.

L'analisi semiotica sa bene che «il genio è colui che sa risolvere i condizionamenti in possibilità»[22], ossia si piega a quelli ma solo per farne una espressione di sè. Parrebbe insomma che la genialità consista nel porsi ironicamente sia nei confronti del mondo e della tradizione, sia di fronte alla propria libertà. Ovvero a metà strada fra la cultura e la storia cui apparteniamo e la nostra particolare volontà.

Che l'ironia sia non solo geniale ma anche simpatica lo si può vedere in questo dialogo, tratto dal romanzo di Chesterton, *L'uomo che fu Giovedì*, nel quale si affrontano due personaggi che raffigurano due opposte immagini di

---

[20] Cfr. a questo proposito P. FLORENSKIJ, *Lo Spazio e il Tempo nell' Arte*, Adelphi, Milano 1995, pp. 87-131.

[21] «L' artista attraverso la sua opera ci dice qualcosa della realtà, ma perchè egli abbia la possibilità di esprimere qualcosa su di essa, la realtà stessa deve contenere in sè un qualche significato, annunciarsi.....» (*Ibid.*)

[22] U. ECO, *Apocalittici e Integrati*, Bompiani, Milano 1994, p. 161.

poeti e di poesia. Il primo è Lucian Gregory, il quale sostiene il vecchio luogo comune che l'arte è al di fuori di ogni regola e che l'unica legge è praticare l'evasione da ogni legge; il secondo è invece Gabriel Syme, che si presenta immediatamente, con ironia, come il poeta della legge e dell'ordine, il poeta della rispettabilità. Ebbene seguiamo il dialogo e si giudichi quale dei due riesca ad essere effettivamente geniale e bonariamente umoristico:

> -Lei dice di essere un poeta della legge: ed io le dico che questa è una contraddizione in termini. [...] L'artista e l'anarchico? Ma non c'è nessuna differenza. I due termini si possono scambiare in tutto e per tutto! Colui che lancia una bomba è un artista, perchè preferisce un grande momento a un'intera vita mediocre: sa che solo un lampo di luce balenante, un solo tuono perfetto, valgono più dei goffi corpi di alcuni banali poliziotti. L'artista disprezza tutti i governi, abolisce tutte le convenzioni! Il poeta si inebria soltanto del disordine! Se così non fosse, la cosa più poetica al mondo sarebbe la ferrovia sotterranea.
> -Lo è - dichiarò il signor Syme.
> -Che sciocchezza! - gridò Gregory, il quale era molto ragionevole quando qualcun altro si dava ai paradossi. - Perchè gli impiegati e i manovali nella sotterranea sono sempre così tristi e stanchi, così terribilmente tristi e stanchi? Glielo dirò io! Perchè sanno che il treno va dove deve andare. Perchè sanno che, per qualunque luogo abbiano preso il biglietto, a quel luogo giungeranno. Perchè, dopo aver oltrepassato Sloane Square, sanno che la prossima sarà la stazione Victoria, e niente altro che la stazione Victoria. Oh, quale giubilo sarebbe il loro! oh, come brillerebbero i loro occhi, come si beerebbe l'anima loro del paradiso ritrovato, se la stazione seguente fosse inaspettatamente quella di Baker Street!

-E' lei che è antipoetico - ribattè il poeta Syme -Se quello che dice degli impiegati è vero, vuol dire che sono prosaici come la sua poesia. Toccare il segno: ecco la cosa straordinaria, miracolosa! Quella normale, comune, è di mancarlo. Agli occhi nostri, epico è l'atto dell'uomo che con una sola freccia temeraria raggiunge un uccello lontano: non è epico anche quello dell'uomo che con una macchina temeraria raggiunge una stazione lontana? Il caos è stupido e noioso, perchè nel caos sì che i treni potrebbero andare chissà dove, a Baker Street come a Bagdad. Ma l'uomo è mago, e la sua magìa consiste in questo, che egli dice: "Stazione Victoria", ed ecco qua! è precisamente la stazione Victoria. No, no: si tenga stretti i suoi libri di prosa e di poesia pura: io leggerò l'orario ferroviario con lagrime di orgoglio. Si tenga pure il suo Byron che commemora le disfatte degli uomini: a me il Bradshaw (orario ferroviario di tutti i treni della gran Bretagna) che ne commemora le vittorie. Orsù, a me il Bradshaw!

-E' di partenza? - chiese Gregory con sarcasmo.

-L'assicuro - continuò Syme con traporto - che tutte le volte che un treno arriva in stazione mi sembra che si sia aperto la strada fra le batterie d'un assedio, e che l'uomo abbia vinto una battaglia contro il caos. Lei dice con sprezzo che quando si lascia Sloane Square si arriva alla stazione Victoria: io dico che invece potrebbero capitare centinaia di cose, e tutte le volte che ci arrivo per davvero ho l'impressione di essermela scapolata per un capello. E quando odo il controllore gridare: "Victoria!", quella non è una parola priva di significato, per me: è il grido di un araldo che annuncia una conquista; è una "vittoria" vera e propria: è la vittoria di Adamo.

Gregory abbozzò un lento e triste sorriso.

-E tuttavia - disse - noi poeti formuleremo sempre la domanda: "E che cos'è questa stazione, ora che

ci siamo arrivati?". Lei crede che la stazione Victoria sia come la Nuova Gerusalemme: noi sappiamo che la Nuova Gerusalemme sarà soltanto come la stazione Victoria. Sì, i poeti saranno insoddisfatti persino in paradiso. Il poeta è sempre in rivolta.
-Appunto - ribattè il suo avversario, stizzito -E che c'è di poetico, in questo? Tanto varrebbe dire che è poetico il mal di mare! Anche il mal di mare è una rivolta. Tanto il mal di mare quanto il ribellarsi possono essere salutari, in certi casi disperati: ma che io sia impiccato se riesco a capire perchè debbano essere poetici. La rivolta in astratto è... rivoltante. Non è altro che vomitare»[23].

Questo brano ci mostra a quali esiti fantasiosi, spiritosi e simpatici possa portare un sano atteggiamento ironico; tanto che anche degli impiegati della metropolitana, se riuscissero ad atteggiarsi secondo quello che è l'umore ironico, potrebbero persino compiacersi del loro lavoro. Mentre invece chi, come Gregory, si lascia imbonire ed irretire in estrosi fanatismi finisce con l'apparire, oltre che ridicolo, anche irrimediabilmente pessimista.

Come suggerisce anche Marina Mizzau, «è difficile distinguere l'aspetto soggettivo da quello oggettivo nella percezione ironica»[24], poiché essa dopotutto è una capacità che alcuni individui hanno di interpretare certe situazioni, ma è anche la possibilità che tali situazioni sfuggano a qualsiasi immagine prestabilita.

Chesterton riesce anche a illustrarci allegoricamente la genesi dell'ironia, la quale nasce nel mezzo e in rapporto a tutti gli estremi; vediamo infatti come lo scrittore racconta la storia di quel personaggio affatto ironico che abbiamo visto essere Gabriel Syme:

[23] G. K. Chesterton, *L'uomo che fu Giovedì*, Rizzoli, Milano 1975, pp. 16-18.

[24] M. Mizzau, *L'ironia*, Feltrinelli, Milano 1984, p. 21.

> Gabriel Syme non era soltanto un agente di polizia con pretese di poeta: era in realtà un poeta diventato un agente di polizia. Nè il suo odio per l'anarchia era ipocrita: egli apparteneva alla schiera di coloro che sono trascinati, assai di buonora, nella vita, a un atteggiamento ultraconservatore dalla sconcertante follia di molti rivoluzionari. Non si trattava, per lui, d'una ben addomesticata tradizione familiare: la sua rispettabilità era spontanea e veemente, una vera e propria ribellione alla ribellione. Egli proveniva, infatti, da una famiglia di eccentrici, in cui le idee più nuove erano sempre state entusiasticamente accolte e praticate dai più vecchi. Uno dei suoi zii andava sempre in giro senza cappello; un altro aveva fatto un infelice tentativo di andare in giro col cappello e niente altro; suo padre coltivava l'arte e se stesso; sua madre era tutta dedita alla semplicità e all'igiene. Il bambino, perciò, durante i suoi teneri anni, era stato completamente ignaro di qualunque bevanda contenuta fra i due estremi del cacao e dell'assenzio, per ambo i quali provava una salutare antipatia: più sua madre predicava un'astinenza puritana all'eccesso, più suo padre si epandeva in una latitudine ultrapagana; e, quando la prima era giunta ad imporre il regime vegeteriano, l'altro era arrivato quasi al punto di difendere l'antropofagia.
> Circondato sin dall'infanzia da ogni genere di rivolta possibile e immaginabile, Gabriel aveva dovuto votarsi a qualche cosa, e si era votato a ciò che solo rimaneva: il giusto mezzo in tutto.[25]

Vorremmo concludere con una considerazione di Elémire Zolla: «Davvero non siamo nulla di sicuro, niente sappiamo nè degli altri nè di noi stessi, giochiamo e siamo giocati. Se si raggiunge questa consapevolezza della

[25] G. K. Chesterton, op. cit., pp. 45-46.

precarietà, si comprende che cosa sia la condizione liberata, che l'accetta».[26]

Abbiamo voluto «rubare» le parole di Elémire Zolla per dire che il soggetto libero è il soggetto che non si allontana definitivamente dal mondo, ma vi scorre, vi scivola sopra. È un bravo nuotatore che non si oppone alla corrente, ma serenamente la sfrutta.

In sanscrito liberazione si dice *mukti*, che proviene dal verbo *muc* da cui il nostro muco, termine il quale denota lo sciogliersi, l'abbandonarsi, il liberarsi: perciò, se la libertà, come suggerisce il vocabolo sanscrito, è veramente qualcosa di sostanzialmente indefinito, in bilico tra lo stato solido e quello liquido, per forza di cose avremo costantemente i nostri problemi ad afferrarla saldamente.

Così l'eterna questione che ci fa chiedere se l'uomo è padrone oppure schiavo del proprio destino, rimane sempre, non tragicamente, ma ironicamente aperta.

---

[26] E. Zolla, *Uscite dal Mondo*, Adelphi, Milano 1992, p. 30.

«Comincio a preoccuparmi
perchè sempre più spesso
scopro di avere idee
che non condivido»

(Woody Allen)

Capitolo 2

L' intelletto

Il razionalismo

Abbiamo visto nel capitolo precedente che il controllo della realtà non è affare semplice per l'uomo, ma ci si è anche accorti che non si può smettere di cercare di raggiungere questo obbiettivo. E difatti la storia dell'uomo è la storia di un essere che non ha mai rinunciato a voler pienamente disporre della sua vita e del mondo. L'intenzione ironica può essere sì una soluzione per rapportarsi in equilibrio col reale, ma la stessa intenzione può anche far sbandare, chi l'applicasse impropriamente, tra uno stato di onnipotenza ed uno opposto di svilimento.

A questo punto poniamoci una domanda precisa: l'uomo dovrà aggrapparsi unicamente a se stesso e al suo buon senso ironico per affrontare le vicende della vita, oppure ha a disposizione qualche altra arma o qualche tecnica o dei metodi oggettivi e assodati, cui gli sia possibile ricorrere? L'unica possibilità di conforto, di fronte ad un amico che chiede consigli, sarà quella di suggerirgli di affrontare ogni cosa con spirito ironico?

Platone ed Aristotele non avrebbero per nulla esitato nel rispondere al quesito; infatti era ed è ancora ovvio alla civiltà occidentale, che l'uomo possiede uno strumento efficacissimo per conoscere e quindi controllare la realtà, e questo è la ragione.

Entrambi i filosofi si accorsero che tramite la ragione era possibile ottenere idee universali, cioè dei modelli di conoscenza che erano in grado di spiegare e di prevedere l'andamento del reale. Anassagora poi per primo aveva notato che dalle contraddizioni dei singoli fatti concreti emergeva comunque una unità, cioè i concetti generali di specie, di tipo, di categoria, di numero, insomma forme che, nella loro universalità immutevole, accorpavano o erano in grado di inquadrare ogni accadimento concreto e indefinitamente variabile.

Quindi, partendo dalla constatazione che esistevano idee le quali trascendevano le percezioni singolari degli uomini, fu inevitabile che si arrivasse alla immaginazione di una ragione come entità quasi personalizzata che fosse anche scaturigine di quelle idee, nonchè ordinatrice dell'universo.

Così dunque si esprimeva già Anassagora, precedendo Platone e Aristotele:

> *Tutte le altre [cose] hanno parte in tutto, mentre l'intelletto è alcunché di illimite e di autocrate e a nessuna cosa è mischiato, ma è solo, lui in se stesso. [...] Perché è la più sottile di tutte le cose e la più pura: ha cognizione completa di tutto e il più grande dominio e di quante [cose] hanno vita, quelle maggiori e quelle minori, su tutte ha potere l'intelletto. E sull'intera rivoluzione l'intelletto ebbe potere sì da avviarne l'inizio. [...] E le [cose] che si mescolano insieme e si separano e si dividono, tutte l'intelletto ha conosciuto. E qualunque [cosa] doveva essere e qualunque fu che ora non è, e quante adesso sono e qualunque altra sarà, tutte l'intelletto ha ordinato, anche questa rotazione in cui si rivolgono adesso gli astri, il sole, la luna, l'aria, l'etere che si vengono separando. [...] In realtà molte [cose] hanno parte a molte [cose]. Ma*

nessuna si separa o si divide del tutto, l'una dall'altra, ad eccezione dell'intelletto. L'intelletto è tutto uguale, quello più grande e quello più piccolo[1] .

Sembrava insomma indiscutibile, in primo luogo che l'universo fosse frutto di un progetto, il quale a sua volta si incorporava in tale ragione e, in seconda istanza, che l'uomo fosse capace di leggere questo disegno e di partecipare alle idee dell'intelletto, cogliendo l'ordine in cui ogni cosa è inscritta.

Appurato tutto ciò, all'uomo passò la voglia di fare dell'ironia; come si poteva accettare infatti il barcamenarsi tra incertezze e imprevisti, quando si sapeva ormai che la conoscenza, la verità era a portata di mano?

Tutto ciò che occorreva fare era usare la ragione, attingerne le idee universali e applicarle alla realtà. L'unica attenzione e cura che l'uomo doveva avere era quella di ragionare in maniera perfetta; in pratica doveva fare attenzione che il procedimento con cui carpiva le idee veritiere fosse del tutto razionale. Fu così che prima di tutte le altre scienze, nacquero le scienze del ragionamento perfetto o del metodo razionale: la matematica e la logica.

Perciò se è vero che Platone intuì l'Intelletto, Aristotele cercò di indagarlo, di scovarne le verità assolute. Aristotele sistematizzò perfettamente il metodo razionale come procedimento apodittico, il quale consisteva nel partire da un principio o idea di assoluta certezza, darne una definizione che ne facesse un assioma, e quindi ricostruire da questo, tramite deduzione, tutto il sapere. Grazie alla Ragione e al metodo razionale, insomma, era possibile sia penetrare intimamente la verità, come cercò di fare San Tommaso d'Aquino, sia comprendere le leggi dei rapporti

---

[27] G. Giannantoni (a cura di), *I presocratici. Testimonianze e frammenti*, Laterza, Bari 1981, pp. 606-607.

matematici e geometrici che costituiscono l'universo, come dimostrò Euclide.

In pratica la ragione e le idee sostanzializzate furono la base del sapere umano sino al sedicesimo secolo, e il metodo razionale guidò sia la filosofia sia le scienze non permettendo alcuna distinzione tra le due: l'unica differenza era nella definizione assai più precisa degli assiomi delle scienze matematiche, per cui era anche possibile uno sviluppo maggiormente coerente e sistematico di tali discipline. Ma che la verità avesse origine dalla ragione così intesa e che quest'ultima dovesse costituire il modo di relazionarsi dell'uomo alla realtà, era indubbio.

E nessuna incertezza parve avere Cartesio, quando credette di avere dimostrato una volta per tutte che l'uomo possiede idee certe, chiare ed evidenti, le quali corrispondono alla verità e che non possono essere altro che un dono di Dio, cioè dell'Intelletto divino. Cartesio consegnava in maniera perentoria e incontestabile la verità nelle mani dell'uomo: le idee su cui si basavano filosofia, logica, algebra, aritmetica e geometria erano certe ed assolute perché era Dio stesso a farne partecipe l'umanità; Dio, per il filosofo francese, era il garante della verità delle nostre conoscenze.

Tuttavia, proprio quando la ragione sembrò aver ottenuto il suo scettro definitivamente, e si apprestava quindi a regnare sull'uomo e sulla realtà, un filosofo inglese avanzò dubbi consistenti sull'origine divina delle idee universali. Così scriveva il Locke nel suo *Saggio sull'intelletto umano*:

> *Quando gli uomini hanno trovato alcune proposizioni generali, che non potevano essere messe in dubbio, non appena venivano comprese, era, lo riconosco, breve e facile il cammino che conduceva a concludere che esse erano innate. Una volta accettata, questa conclusione liberò il pigro dalle fatiche della ricerca e impedì a chi aveva dubbi concernenti tutto ciò che*

una qualche volta era stato considerato come innato di condurre avanti la propria ricerca. Ed era un vantaggio non piccolo per quelli che si presentavano come maestri e insegnanti considerare questo come principio di tutti i principi: che i principi non devono essere messi in discussione. Infatti, una volta stabilita questa credenza, che ci sono principi innati, i suoi seguaci furono posti nella necessità di accettare alcune dottrine come tali; il che voleva dire privarli dell'uso della propria ragione e del proprio giudizio, e porli nella condizione di credere e accettare quelle dottrine sulla base della fiducia, senza ulteriore esame. Messi in questa posizione di cieca credulità, potevano essere più facilmente governati e diventavano più utili per una certa specie di uomini, che avevano l'abilità e il compito di dettare loro i principi e di guidarli. [...] Invece, se avessero esaminato i modi in cui gli uomini sono pervenuti alla conoscenza di molte verità universali, avrebbero trovato che esse si formano nello spirito degli uomini a partire dall'essere delle cose stesse [...] In primo luogo i nostri sensi, avendo rapporti con oggetti sensibili particolari, convogliano nello spirito diverse percezioni distinte delle cose, secondo i vari modi in cui quegli oggetti agiscono sui sensi. [...] Chiamo sensazione questa grande fonte della maggior parte delle idee che abbiamo, poiché essa dipende completamente dai nostri sensi e perché attraverso i sensi agisce sull'intelletto. In secondo luogo l'altra fonte dalla quale l'esperienza fornisce l'intelletto con idee è la percezione delle operazioni del nostro proprio spirito dentro di noi, quando esso è impiegato intorno alle idee che ha ottenuto. [...] Ma come chiamo sensazione la prima fonte delle idee, così chiamo riflessione questa seconda fonte, perché, le idee che essa fornisce sono soltanto quelle che lo spirito ottiene riflettendo sulle proprie operazioni dentro se stesso.[28]

[28] J. Locke, *Saggio sull'intelletto umano*, (a cura di C. A. Viano) in *Grande antologia filosofica*, Marzorati, Milano 1968, vol. XIII, pp. 634-635.

Locke capì che le idee non potevano essere il dono di una ragione ipostatizzata (cioè considerata come ente reale e personificato) e posta al di sopra dell'uomo, e scoprì invece che queste altro non erano che il frutto di un processo psicologico, erano cioè dovute alla semplice osservazione e alle esperienze della realtà. Questo significava, in sostanza, che la mente umana costruiva i concetti astraendo dai singoli accidenti e non li afferrava, come asseriva Cartesio, belli e pronti.

A questo punto vi sarà di certo chi vorrà far notare stizzito che non importa poi così tanto di dove ci giungano i principi universali. L'unica cosa che conta, in fondo, è che le nostre categorie, leggi e regole siano funzionali, ci facciano cioè conoscere e dominare i fatti del mondo: insomma, che il quadrato dell'ipotenusa sia uguale alla somma dei quadrati dei cateti, che uno più uno sia uguale a due e che la parità di diritti per tutti gli uomini sia giusta, sono principi prima di tutto comodi, poco ci importa se siano frutto di un intelletto divino o di una costruzione della mente umana.

In realtà dallo psicologismo del Locke derivano due conseguenze pericolosissime che Cartesio non poteva accettare:

1) Se le nostre idee universali non sono rese certe da Dio, ma solo dalla nostra esperienza e perciò sono nostre costruzioni, non c'è nessuna garanzia che tali costrutti corrispondano necessariamente ed esattamente alla realtà. Tra le nostre conoscenze e la verità della realtà non c'è più alcun legame fisso, perciò non possiamo dire con sicurezza che ciò che vediamo oggi, potremo osservarlo ugualmente, nella stessa maniera anche domani.

   In sostanza niente e nessuno più ci assicura che la realtà sia scritta come noi la comprendiamo, per cui questa non è più in nostro pugno ed è plausibile che possa sempre e comunque sorprenderci.

2) Se l'uomo non possiede una conoscenza superiore e non partecipa della verità di Dio e del mondo, decade a essere vivente come tutti gli altri. L'uomo da animale razionale diviene un animale con una capacità di astrazione e calcolo solo più sviluppata degli altri esseri che popolano questa terra; il cervello è ridotto a macchina e l'essere umano è un animale meccanico.

Cercheremo ora, nei paragrafi che seguono, di capire la sorte della ragione e quindi di indagare cosa è rimasto della sua affidabilità dopo il sedicesimo secolo, nonché di chiarirne il possesso particolare che ne ha l'uomo.

«Un Dio con le mani nel sacco»

Che la realtà possa sempre sorprendere le nostre idee è una conseguenza dell'empirismo del Locke, che solo Hume parve accettare pienamente: costui unicamente capì che l'uomo non poteva arrivare a definire nulla di assoluto e che le idee non erano una scoperta ma una invenzione, motivo per cui occorreva necessariamente dubitare di ogni principio ritenuto incontestabile.

Per il resto si continuò a credere che l'uomo fosse in possesso di certezze assolute; l'unica precisazione cui portò l'empirismo fu che, in realtà, il sapere universale appartenente all'uomo era più limitato e circoscritto rispetto a quello di Cartesio. Infatti la ragione degli empiristi inglesi era limitata dall'esperienza, per cui non era più libera di muoversi a piacere nel mondo delle essenze e non poteva di conseguenza perdersi in ipotesi sulla natura intima dei fenomeni. Precisamente si finì con l'attribuire i concetti veri al solo sapere propriamente scientifico, il quale fu separato da quello filosofico.

Così Galileo Galilei poteva dire di aver trovato un nuovo metodo per scoprire le verità dell'universo, un metodo differente da quello razionale e che venne definito metodo sperimentale. Su questo si fondò la scienza come la intendiamo oggi.

> *Conviene ricorrere ad una distinzione filosofica, dicendo che l'intendere si può pigliare in due modi, cioè intensive ovvero extensive, e che extensive, cioè quanto alla moltitudine degl'intellegibili, che sono infiniti, l'intender umano è come nullo, quando bene intendesse mille proposizioni perché mille rispetto all'infinità è come uno zero; ma pigliando l'intendere intensive [...] dico che l'intelletto umano ne intende alcune così perfettamente, e ne ha così assoluta certezza, quanto ne abbia l'istessa natura; e tali sono le scienze matematiche, cioè la geometria e l'aritmetica, delle quali l'intelletto divino ne sa infinite proporzioni di più; perché le sa tutte, ma di quelle poche intese dall'intelletto umano, credo che la cognizione uguagli la divina nella certezza obiettiva*[29].

Dunque l'uomo si ostinava a credere che la ragione gli offrisse delle verità e che la coerenza dei ragionamenti potesse ottenergli certezze utili a manipolare la realtà. Si poteva ancora dire che «il matematico [...] trova le ragioni profonde che stanno al di sotto della varietà dei fenomeni apparentemente confusi, trova gli schemi, le riposte armonie; [...] gli sembra di essere Dio, o di aver preso Dio in castagna».[30]

Ebbene l'empirismo rifiutava l'Intelletto superiore e le sue idee certe, richiamando invece l'esperienza a sostegno delle proprie verità. I principi assoluti degli empiristi erano corroborati dall'esperienza, non più da Dio e, dal

---

[29] G. Galilei, *Dialogo sopra i due massimi sistemi del mondo*, in *Opere*, ed. naz., VII, pp. 126-128, cit. da Enciclopedia Filosofica, Sansoni, Firenze 1967, alla voce Relativismo.

[30] G. Lolli, *Il riso di Talete*, Bollati Boringhieri, Torino 1998, p. 53.

confronto con l'esperienza, nacquero la fisica, la meccanica, e altre discipline che comunque accettavano gli assiomi matematici come evidenti e quindi veri.

Tuttavia dire che le idee matematiche spiegano la realtà, porta a due contraddizioni il pensiero sopra citato di Galilei e quello degli empiristi:

1) La prima antinomia si trova nel fatto che, accettando come vera la matematica, accettiamo come vere anche idee non dimostrabili sperimentalmente: si pensi a $\sqrt{2}$ che è la prima dimostrazione dell'esistenza dell'infinito, ovvero di un concetto per noi solo intuibile ma non esperibile.

> *Si ha una situazione concreta, addirittura materiale, molto semplice, come quella di un quadrato e della sua diagonale, e un procedimento di misurazione con righelli, e righelli di sottomultipli; ebbene, la dimostrazione dell'irrazionalità prova che questo procedimento non ha termine. [...] Qui si ha la dimostrazione dell'infinito nel finito del segmento*[31].

Siamo allora di nuovo costretti a riproporci la questione: di dove vengono tali idee, se l'esperienza non ce ne parla, anzi le rinnega?

Ernst Cassirer spiegò, nel suo libro *Il concetto di sostanza e il concetto di funzione*, che nella conoscenza scientifica troviamo molto di più che i dati sensibili. Per lui le scienze sono progredite perché si sono matematizzate; sono progredite perché hanno smesso di cercare sostanze e si sono rivolte alla ricerca di relazioni funzionali fra gli oggetti. E come le funzioni matematiche non si ottengono per astrazione, ma sono costruite dal pensiero, così anche i punti di vista, le teorie o relazioni funzionali che istituiscono e connettono gli oggetti della conoscenza

[31] *Ibid.*, pp. 101-102.

scientifica (e di quella ordinaria) sono prodotti del pensiero.[32]

2) Ammettendo le regole della matematica arriviamo a paradossi che ci fanno perdere quella precisione sulla quale poggiavamo il controllo della realtà. Un esempio comprensibile a tutti è questa equazione:

$$x^2 - x^2 = x^2 - x^2$$
$$x(x - x) = (x + x)(x - x)$$
$$x = x + x$$

$$x = 2x$$

per cui, se sostituiamo ad x un numero qualsiasi, potremo ottenere che, ad esempio, 1 = 2 o che 3 = 6 e così via.

Nella pratica quotidiana questo significherebbe che non potremmo più sapere quanti soldi abbiamo sul nostro conto in banca, ma ci sfuggirebbe anche quanti siamo in famiglia e persino se siamo una o più persone.

Insomma si deve accettare che la ragione, sia come la intendono i razionalisti sia come la intendono gli empiristi, non è poi così certa ed evidente. Si può affermare che essa sta tra l'esperienza e l'Iperuranio, sembra avvicinarci a Dio e al dominio dell'universo e nello stesso tempo ci porta anche al ridicolo, al paradossale.

In fondo, anche noi che ripetiamo spesso che la matematica non è una opinione, non crederemmo, ad esempio, al «paradosso del compleanno», cioè al fatto che se ad un party ci sono 24 persone, la probabilità che due almeno abbiano lo stesso compleanno è maggiore di 1/2. Ora,

---

[32] Cfr. E. Cassirer, *Sostanza e funzione*, tr. it. di E. Arnaud, La Nuova Italia, Firenze 1973.

sempre alla stessa festa, se provassimo ad avvicinarci ad una ragazza e a rivolgerle la parola affermando che probabilmente siamo nati lo stesso giorno, ebbene, è assai plausibile, che come risposta ci verrebbe detto che l'approccio non è credibile.

Non solo, anche la logica può indurci a soluzioni non soddisfacenti, per cui, se tutti siamo convinti di un tale sillogismo:

- Socrate è uomo
- Gli uomini sono mortali
- Socrate è mortale

ben pochi sarebbero disposti ad accettare quest'altro:

- Pietro è apostolo
- Gli apostoli sono dodici
- Pietro è dodici.

In particolare, però, potremmo fare un esempio che ci aiuti a capire che i concetti universali della ragione possono essere contraddetti dalla realtà, e che quindi non può essere questa a suggerirli in toto: e si tratta della scoperta delle geometrie non euclidee.

La geometria euclidea è valsa per secoli come modello insuperabile di sapere deduttivo: riguardo alla verità dei postulati di Euclide non pareva che una mente sana potesse sollevare alcun dubbio. Senonché anche un postulato di questa geometria, precisamente il postulato delle rette parallele, venne ad essere contraddetto e con esso si offuscò l'evidenza di tutta la costruzione euclidea. Il postulato di cui parliamo, il quinto ed ultimo, dice che, dati in un piano una retta *s* e un punto P fuori di essa, esiste una sola retta *r* passante per il punto P e parallela alla retta data, nel senso che non la incontra mai.

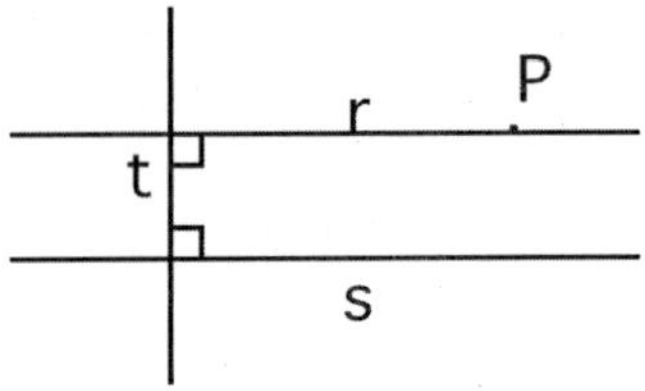

Ora, però, tale proposizione non è evidente e può risultare falsa in altri modelli. Difatti, se il piano contenente la retta s e il punto P fuori di essa viene limitato alla zona interna del cerchio, allora si vede subito che vi sono molte rette passanti per P e che non incontrano s. Se aumentiamo il raggio del cerchio diminuirà la quantità di rette passanti per P che non incontrano s. Ma esse rimarranno sempre di numero infinito. Perciò quale autoevidenza potrà mai garantirci che questa situazione non sussisterà più quando il piano è illimitato?

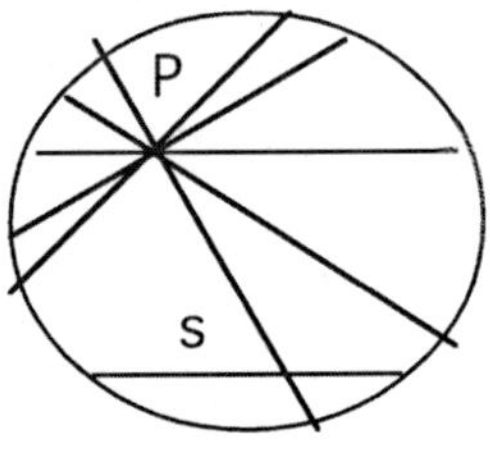

«Il fatto che la geometria euclidea sembri riflettere in modo così esatto la struttura del nostro mondo ci ha indotti (o ha indotto i nostri predecessori) a credere erroneamente che questa geometria sia una necessità logica, o che noi abbiamo una comprensione intuitiva a priori innata del fatto che la geometria di Euclide deve applicarsi al mondo in cui viviamo.[In realtà] la geometria particolare che ci è stata lasciata in eredità da Euclide descrive con grande precisione lo spazio fisico del mondo in cui viviamo, ma questa non è una necessità logica, bensì solo un carattere osservato (quasi esattamente) del mondo fisico»[33].

In effetti esistono altre geometrie, ad esempio quella iperbolica di Lobacevskij, dove la somma degli angoli interni di un triangolo è sempre minore di centottanta gradi. Qualcuno potrebbe obiettare che tale geometria è frutto di un divertimento della ragione slegata alla realtà. Ebbene non è così, dato che la teoria generale della relatività di Einsten ha dimostrato che la geometria del nostro mondo si discosta effettivamente dalla geometria euclidea. Perciò, riguardo alla geometria euclidea, erravano sia i razionalisti che gli empiristi, datosi che i suoi postulati non erano frutto né dell'esperienza nè della Ragione ipostatizzata, e di conseguenza non sono veri nel senso di assoluti e incontrovertibili, non corrispondono perfettamente alla realtà.

A questo punto è per noi ammissibile presentare due tipi di conclusione; e precisamente che la ragione di cui siamo in possesso:

1) ci offre idee di origine perlomeno incerta (come i postulati della geometria euclidea, o i principi logici e matematici)

2) queste idee non sono vere ed evidenti in maniera inequivocabile, anche se lo sembrano.

Speriamo sia chiaro, a questo punto, che, evidenziato quanto sopra il nostro obiettivo, non sarà nessuna forma di scetticismo. Ciò cui intendiamo giungere, si manifesta nel semplice ammonimento a non pretendere di voler «cogliere Dio con le mani nel sacco». Ciò che ci preme è ricordare che la realtà è sempre situata in agguato e pronta a sorprendere le nostre certezze, per cui voler assioma-

[33] R. Penrose, *La mente nuova dell'Imperatore*, Sansoni, Milano 1997, pp. 206-9.

tizzare le idee come modelli assoluti cui tutto si adegua è sempre pericoloso.

Detto questo possiamo rifarci a quanto dice Roger Penrose, ovvero che la geometria euclidea può essere applicata alla struttura del nostro spazio fisico con precisione QUASI assoluta. D'accordo, è indubbio che siamo in possesso di un'ottima spiegazione. Però in quel quasi, in quel piccolo spazio che manca per raggiungere la precisione assoluta, c'è posto per l'ironia. E si fa largo anche la filosofia, la quale non consiste nell'uso metodico della ragione, bensì è proprio lo strumento di vigilanza della ragione, ne è l'applicazione creativa. La filosofia dovrebbe essere appunto la disciplina che accetta sempre di fare dell'ironia: dovrebbe costantemente dubitare, non con l'intento di distruggere o rendere tutto vacillante, ma avendo sempre coscienza del fatto che l'uomo è capace di creare molte idee, per cui non deve accontentarsi di una modesta ed ordinata collezione di principi perché la presume esauriente.

Aveva colto nel segno Marcel Proust quando scriveva:

> *Forse l'immobilità delle cose che ci circondano è imposta loro dalla nostra certezza che si tratta proprio di quelle cose e non di altre, dall'immobilità del nostro pensiero nei loro confronti*[34]

Insomma la filosofia non dovrebbe accettare nulla di assodato, anche nel nome e per conto dell'arte, e sarebbe necessario che si ricordasse che nulla può veramente essere serio se non è al tempo stesso anche risibile, come lo sono l'algebra, l'aritmetica, la logica, la geometria e tutte le scienze, comprese, e forse anche in maniera speciale, quelle umanistiche. La filosofia, come l'ironia, dovrebbe

[34] M. Proust, *Alla ricerca del tempo perduto. Dalla parte di Swann*, Mondadori, Milano 1987, p. 8.

farci notare che pretendere da un dio che ci consegni la mappa del suo sforzo creativo, non è altro che pigrizia; infatti per tutti è assai più comodo che altri pensino per noi piuttosto che ogni volta dover pensare in proprio. E, in aggiunta, anche aggrapparsi all'esperienza è riposante, tuttavia ci fa perdere quei legami intimi e impropri che le cose del mondo nascondono e che rendono la vita così meravigliosa e imprevedibilmente sorprendente.

Il filosofo può e deve spiegare perché non è possibile ridere di Dio e insieme adorare con rispetto la radice di 2: è indubbio infatti che siano idee entrambe allo stesso modo assurde e entrambe allo stesso modo serie. Così infatti scriveva Tertulliano (II sec. d.C.) nella *Carne di Cristo*: «Il Figlio di Dio fu crocefisso: non me ne vergogno, proprio perchè è vergognoso. Il Figlio di Dio è morto: questo è credibile, perchè è una stoltezza. E fu sepolto e risorse: questo è certo, perchè è impossibile»[35]. In sostanza Tertulliano non solo ammetteva l'assurdità, per quelle che sono le capacità di comprensione umana, del Dio cristiano, ma ne faceva persino il motivo della sua fede; per cui arrivò a condensare il suo pensiero nella celebre formula «credo quia absurdum». San Giovanni Crisostomo († 407) rimarca ancora l'inafferrabilità razionale di Dio: «Invochiamolo, dunque, l'ineffabile, l'inconoscibile Dio, l'invisibile, l'incomprensibile, che annienta le capacità della lingua umana, oltrepassa il potere intellettivo dello spirito umano»[36].

Insomma al nostro intelletto mancano le certezze sia scientifiche, sia religiose e, per questo, Pascal scriveva che «il cuore ha le sue ragioni che la ragione non conosce» ed «è il cuore che sente Dio, e non la ragione»[37]. Per cui an-

---

[35] G. Reale-D. Antiseri, *Il pensiero occidentale dalle origini ad oggi*, Vol. I, La Scuola, Brescia 1983, p. 324.

[36] Cit. da G. M. Salvati O. P., *Il Dio della nostra gioia*, Editrice Dominicana Italiana, Napoli-Bari 1995, p. 13.

[37] B. Pascal, *Pensieri*, Newton Compton, Roma 1993, fr. numero 277, p. 93.

che Dio ai nostri occhi deve rimanere in qualche grado misterioso, altrimenti il rischio è quello che si mostri come il dio dei bigotti, delle beghine e dei moralisti predicatori. Cioè in vesti pericolosamente vicine al ridicolo, come quelle dei monaci e dei religiosi che descrive ironicamente Erasmo da Rotterdam:

> *Che uomini impagabili! Così vivendo, sporchi, ignoranti, rozzi e sfacciati, son convinti, e lo dicono, di riprodurre ai nostri occhi l'immagine degli apostoli. Quale spasso maggiore di vederli tutti i loro atti come prescrive la regola, e seguendo un'esattezza poco meno che matematica? Guai a scostarsene! Sarebbe un sacrilegio! Tutto è prescritto: la quantità dei nodi nei sandali, il colore del cingolo, il numero dei pezzi in cui va tagliata la tonaca, il tessuto e la larghezza della cintura, la foggia e la capacità del cappuccio, le dita che deve essere larga la tonsura, le ore fissate pel sonno [...] Eppure, grazie a queste scempiaggini, non solo non stimano un fico il prossimo, ma anche si disprezzano l'un l'altro. Essi che dichiarano di professare la carità apostolica, per una tonaca che sia cinta in maniera diversa, o che sia di un colore un po' più scuro, suscitano ovunque il finimondo*[38].

Il *Catechismo della Chiesa cattolica* risolve perciò così il contrasto tra conoscenza e irriducibilità di Dio:

> *Parlando così di Dio, il nostro linguaggio certo si esprime alla maniera umana, ma raggiunge realmente Dio stesso, senza tuttavia poterlo esprimere nella sua infinita semplicità. Ci si deve infatti ricordare che "non si può rilevare una qualche somiglianza tra Creatore e creatura senza che si debba notare tra di loro una dissomiglianza ancora maggiore", e che "noi non possiamo cogliere di Dio ciò che Egli è, ma solamente ciò*

---

[38] E. da Rotterdam, *L'Elogio della Pazzia*, cit., p. 105.

che Egli non è, e come gli altri esseri si pongano in rapporto a lui"[39].

Orsù facciamo del bene

Argomentando sui paradossi, scriveva Hilbert nel 1926: «bisogna ammettere che l'attuale stato di cose in cui ci scontriamo con i paradossi è intollerabile. Pensate, le definizioni e i metodi deduttivi che tutti impariamo, insegniamo e usiamo in matematica, questo modello di verità e di certezza, portano ad assurdità! Se il pensiero matematico è fallace, dove mai troveremo verità e certezza?»[40] Occorrerebbe rispondere a Hilbert che le certezze non sono necessarie e indispensabili all'uomo, anche perché siamo comunque in possesso di leggi che rispecchiano quasi fedelmente la realtà, ovvero siamo certamente in contatto con quel mondo che la filosofia ermeneutica chiama *terminus a quo*, e tale avvicinamento se non è un fedele rispecchiamento è comunque quantomeno una descrizione più o meno raffigurativa della tanto ricercata realtà. E, inoltre, riguardo ai paradigmi di cui si parla si può affermare siano validi per entrambi gli aspetti in cui si suole dividere il reale o *terminus a quo*: infatti possiamo rifarci sia a leggi scientifiche che considerano i rapporti e la costituzione fisica e materiale delle *res*, sia anche a regole etiche che possono descrivere la natura sostanziale e metafisica degli oggetti della natura e degli uomini, equilibrando quindi azioni e comportamenti in modo che rispondano ai criteri del bene e della giustizia.

---

[39] *Catechismo della Chiesa cattolica*, Edizioni Piemme, Casale Monferrato (AL) 1993, n. 43 p. 26.

[40] Cit. da L. Frudà, *Metodo, logica e scienze sociali*, Euroma-La Goliardica, Roma 1993, p. 13.

Naturalmente il sapere scientifico, implicando problemi più facilmente analizzabili, si rivela assai maggiormente sicuro e preciso. Così Penrose, ad esempio, afferma che nessuno contesterebbe, nell'odierna conoscenza della fisica, che le leggi fondamentali che operano al livello della scala del cervello umano sono tutte perfettamente note. Tuttavia «non siamo in grado di comprendere la natura dello spazio alla scala assurdamente piccola di 1/100000000000000000000 di metro (10^{-20}) delle dimensioni delle particelle fondamentali note, anche se a dimensioni maggiori di questa la nostra conoscenza è presumibilmente adeguata»[41].

Insomma è inutile cercare granitiche certezze, poiché la ragione lascia sempre qualche buco, qualche regione scoperta; non abbraccia mai la totalità, ma lascia sempre interstizi liberi, che poi tende peraltro ad ignorare. E se è così nelle tanto osannate scienze, ancor di più ciò si verificherà nelle discipline umanistiche: ci si deve armare per questo di spirito argomentativo-filosofico per assolvere il compito fondamentale di discutere ogni cosa, cercare le contraddizioni, scandagliare i luoghi oscuri, usare la ragione e non ipostatizzarne una. Avviciniamo perciò, in tal guisa, la filosofia ad una attività ironica: infatti essa considera tutto ciò che ragionevolmente ci si aspetta e va a cercare il contrario; attende sempre l'insospettabile, sapendo che solo così può allargare i suoi orizzonti e può arrivare a comprendere sempre meglio ciò che è possibile fare.

Un perfetto ragionamento ironico e insieme degno di riflessione è questo:

> *Tutte le generalizzazioni sono sbagliate [...]. D'altra parte, se tutte le generalizzazioni sono sbagliate, lo è*

---

[41] R. PENROSE, op. cit., p. 23.

anche questa appena enunciata, che quindi è falsa, ed esiste qualche generalizzazione non sbagliata (non questa), e si può continuare a cercarla[42].

E allora cercare è il nostro compito; non fermarsi di fronte alle sicurezze, ma proseguire una volta svelatene le contraddizioni o semplicemente i limiti.

Come nota Giuseppe Rensi: «il fatto delle contraddizioni dà fastidio. Nulla irrita generalmente di più dell'essere presi in contraddizione; e la presenza di una circostanza contraddittoria, ossia per noi assurda, nella quale cioè la contraddizione che vi vediamo non concede alla nostra mente di trovare il bandolo, lascia questa in una perplessità, in un imbarazzo, in una incertezza, in una oscillazione da cui vogliamo liberarci, trovando il bandolo ad ogni costo»[43].

Proprio la paura delle contraddizioni fece della ragione la stampella per la stabilità cui non si poteva rinunciare: tanto più che l'applicazione dell'algebra, dell'aritmetica, della logica e della geometria al mondo naturale portò a progressi straordinari non appena i grandi geni dei secoli sedicesimo e diciassettesimo, come Galileo, Cartesio, Fermat e Leibniz, portarono tali discipline a nuovi e importanti sviluppi. Nacquero così, a partire dal periodo rinascimentale, la meccanica razionale e la fisica, nonché si scoprì la prospettiva nella tecnica pittorica e i commercianti, grazie ai calcoli finanziari, impararono ad amministrare con facilità la compravendita di beni e ricchezze impensabili prima d'allora. Ma la stampella divenne ben presto una corazza, all'interno della quale ci si poteva sentire signori e padroni; così che il razionalismo, cioè la convinzione di potere agire secondo regole e principi veri, infettò anche sociologi, economisti, giuristi e politici.

---

[42] G. Lolli, op. cit., p. 68.

[43] G. Rensi, *La filosofia dell'assurdo*, Adelphi, Milano 1991, p. 41.

Si diffuse, appunto già nel Rinascimento, la pervicace sicurezza di potere progettare istituzioni giuste nell'alveo di una società perfetta. Non per nulla è in quest'epoca che nasce la letteratura utopica con Tommaso Moro. Ma proprio in quegli anni nacque e scrisse forse il più grande numero di autori di vena ironica: Pulci, Rabelais, Leon Battista Alberti, Erasmo da Rotterdam, Ariosto, Cervantes, Berni e altri, furono i primi a constatare che a grandi e pretenziosi progetti seguono spesso delle delusioni.

Inquadra bene la situazione storica Luigi Firpo:

> Nascono i teorizzatori, gli uomini che nel gran secolo della trattatistica e dei precetti razionali aspirano a costruire anche la città secondo ragione, esatta come un teorema euclideo, proporzionata nei proprii elementi strutturali secondo una precisa ratio matematica [...] Una solennità aulica erige chiese e palazzi in forma di sontuose scenografie campeggianti su piazze regolari [...] la ricerca della bellezza e del fasto ispira l'erezione di fontane monumentali e di statue, l'apertura di pubblici giardini e di luoghi di diporto [...] Fu comunque un momento di innovazione e di entusiasmo, in cui ambizioni principesche, spinte sociali, genialità di artisti parvero convergere in uno slancio creativo ricco di estri fantastici e di speranze: dal Filarete a Francesco di Giorgio, da Leonardo al Palladio i progetti ambiziosi di città nuove o i suggerimenti per rinnovare le antiche hanno in comune il proposito di assicurare agli uomini un ambiente di vita più degno, cioè un avvenire migliore.

Queste perciò erano le speranze e le aspirazioni dei Signori dell'epoca dell'Umanesimo, e questa era la fiducia e la tensione di tutta una generazione di uomini di cultura che voleva uscire dal Medioevo, il quale era concepito come il periodo del buio della mente e del pessimismo:

> Ma la stagione propizia fu breve [...]
> In tutti i campi si assiste a un ripiegamento cauteloso e sfiduciato [...]
> Un esempio fra tutti significativo è quello offerto da una capitale colta e fiorente come Ferrara. Qui, alle soglie dell'ultimo decennio del Quattrocento, prima ancora dell'invasione francese, viene attuato l'unico piano radicale di rinnovamento urbanistico
> [...] Ma ben presto lo slancio si esaurì, le forze economiche si rivelarono impari a tanto dispendio, la pressione fiscale divenne esasperante, scontento e sfiducia fecero ristagnare i lavori in una lunga stasi, fino a quando la definitiva crisi politica dello Stato estense nel 1598, con la devoluzione di Ferrara al dominio ecclesiastico, condannò la città ad una sopravvivenza sonnolenta.
> *L'*impresa temeraria di Ferrara e il suo fallimento assumono ai nostri occhi un valore quasi emblematico, perché in quel progetto incompiuto si assommano tutti gli altri che non furono neppure tentati, l'impotenza del declinante dominio sforzesco a tradurre in opera gli ambiziosi progetti dell'Averlino e del Leonardo, la crisi globale di una società[44].

Tutto si esauriva nel voler forgiare la realtà sulle orme delle indicazioni della ragione, ma senza conto del fatto che l'uomo (Adamo) morì quando assaggiò il frutto della conoscenza. La cecità era peraltro doppia, si credeva di possedere la verità e si era per di più sicuri che fosse nelle capacità umane anche l'attuarla sulla terra.

Così quando si raggiunsero le Americhe, senza eccessive ritrosie i bianchi dell'Occidente imposero la propria cultura alle popolazioni che colonizzavano. E allorché si trattò di gestire le immense ricchezze che giungevano dal

---

[44] L. Firpo, *La città ideale del Rinascimento. Urbanistica e società*, Strenna UTET, Torino 1975, pp. 10-27.

nuovo mondo, i sovrani di Spagna si adeguarono a quelle che erano le leggi economiche tanto evidenti del mercantilismo: per avere una bilancia commerciale favorevole, un paese deve solo vendere, senza acquistare nulla all'estero. In meno di un secolo, e nonostante tutte le circostanze favorevoli, «l'economia spagnola non riuscì a progredire - fece anzi registrare un regresso - e il popolo spagnolo ne fece le spese sotto forma di livelli di vita più bassi, di un'accresciuta incidenza delle carestie e delle epidemie, e infine, nel XVII secolo, dello spopolamento. Sebbene numerosi siano stati i fattori addotti a spiegazione del declino della Spagna, gran parte della responsabilità deve essere attribuita alle esorbitanti ambizioni dei suoi sovrani e alla miopia e alla perversità delle loro politiche economiche»[45].

E' forse inevitabile il fatto che quando riteniamo di possedere delle certezze o crediamo di conoscere leggi incontrovertibili, finiamo col procedere ad occhi chiusi verso la meta, ignorando tutte le circostanze che potrebbero inficiare quello che per noi è, senza dubbio, un giusto operare. Spesso perciò il risultato cui ci conduce la «ragione» è solo una marcia pericolosa, dato che mentre siamo orbati ci sfuggirà cosa si nasconde in realtà proprio dietro a tale «ragione».

Ma il vero affrancamento da tutte le incertezze e contraddizioni, dalle quali il Rinascimento non era e non desiderava essere indenne, si compì nel secolo di Cartesio, quando il pensiero razionale allontanò da sè «il pazzo» vedendolo come antagonista.

> Nel cinquecento la follia veniva ancora sentita come compenetrata con la ragione stessa. E' rivelatore, a questo proposito, il passo in cui Montaigne

[45] R. CAMERON, *Storia economica del mondo*, Il Mulino, Bologna 1993, p. 213.

espone le sue riflessioni sulla natura della pazzia, dopo aver visitato, nel 1580, Torquato Tasso recluso a Sant'Anna: "il poeta più ingegnoso è diventato folle; dunque le avventure del pensiero e dell'immaginazione corrono il rischio di sconfinare nella pazzia, e la «ragione», proprio quando è più raffinata e sottile, può rovesciarsi in insensatezza". Per tutto il secolo l'immagine della follia comparve con grande frequenza e con grande ricchezza di valori nella letteratura: essa viene utilizzata per guardare le cose alla rovescia e quindi per analizzare criticamente con maggiore profondità, grazie al paradosso e all'ironia, i comportamenti dell'individuo e gli usi sociali; oppure si carica di tragicità e rivela le contraddizioni, le paure, le aspirazioni irrisolte, le passioni disperate degli uomini. Il re Lear di Shakespeare e il don Chisciotte di Cervantes hanno ancora queste caratteristiche: sono personaggi che rappresentano esperienze estreme tragicamente coerenti (che sfociano perciò inevitabilmente nella morte) e mettono a nudo la verità più profonda e segreta dell'uomo.

Invece a partire dalla metà del seicento il modo di vedere la pazzia cambiò: al «grande internamento» (quando i pazzi furono accomunati ad altre categorie di emarginati) corrispose l'impoverimento dei significati, simbolici e ambigui, già attribuiti in passato alla pazzia. La follia fu considerata come non-ragione, e quindi pura negatività, e cessò di essere un'immagine grazie alla quale si potevano rappresentare gli elementi più inquietanti di una generale condizione umana [...] Un ulteriore cambiamento si ebbe in seguito, alla fine del Settecento, quando si precisò la nozione di «malattia mentale» e, in quanto tale, la pazzia fu sottoposta al dominio dei medici e delle terapie»[46].

[46] R. Cesarini-L. De Federicis, *Il materiale e l'immaginario*, Vol. II, Loescher, Torino 1986, pp. 1310-1311.

Un secolo più tardi, con l'Illuminismo e la Rivoluzione francese, l'utopia della società perfetta parve essere sul punto di divenire realtà. Ma appunto fu solo una parvenza: come dice Cassirer «la filosofia dell'Illuminismo appare con chiarezza non nelle singole dottrine o in un insieme di assiomi, ma dove sta ancora divenendo, dove dubita e cerca, dove demolisce [...] La vera filosofia dell'Illuminismo non si identifica con le teorie degli Illuministi; essa, infatti, non consiste [...] tanto in determinate tesi, quanto nella forma e nel modo della disquisizione concettuale. Soltanto nell'atto e nel costante procedere di queste disquisizioni si possono afferrare le fondamentali forze spirituali qui dominanti e soltanto qui è possibile sentire il palpito dell'intima vita di pensiero nell'epoca illuministica»[47].

In pratica, ancora una volta, sono le idee nuove ad ispirare ottimismo e sana meraviglia, non l'assunzione di queste come modelli assoluti e la loro realizzazione effettiva con atteggiamento acribioso. Il problema sta nel fatto che se fissiamo l'attenzione su poche idee, poiché riteniamo di avere prove che ne confermino la verità, indossiamo come una sorta di paraocchi che, al momento della applicazione o realizzazione di queste, ci impedirà di accorgerci della ritrosia storica del mondo a farsi imbrigliare e comprendere in maniera ultimativa.

Chi è certo di quello che fa in verità non può sapere cosa combina e proprio l'incedere inarrestabile lo rende assai pericoloso, in quanto, ammesso che si accorga delle contraddizioni e degli errori, lo farà di certo troppo tardi. Amarissima è la constatazione di Giuseppe Rensi: « In due momenti assai gravi per la storia d'un paese e del pensiero di un uomo, ho visto due idee opposte, storica-

---

[47] Cit. da G. Reale-D. Antiseri, *La filosofia nel suo sviluppo storico*, Vol. II, La Scuola, Brescia 1988, p. 370.

mente assai importanti, nelle quali avevo successivamente scorto l'incarnazione del razionale e del vero, prendere nell'atto del loro realizzarsi, le forme concrete più insensate, proprio quelle che parevano pensate apposta per far risultare l'idea inaccettabile, errata, impossibile, per offrirne la confutazione, per ricondurre gli spiriti a persuadersi della necessità dell'idea contraria. Le ho viste deformarsi, snaturarsi, corrompersi, proprio pel solo fatto del loro diventar reali, pel solo fatto che le teste dissennate degli uomini si erano messe a realizzarle»[48]. E' logico quindi per Rensi richiamare il consiglio di Dante:

> E questo ti sia sempre piombo a' piedi,
> Per farti mover lento, com'uom lasso,
> E al si e al no che tu non vedi.[49]

Così per l'economista e filosofo Ludwig von Mises i gulag e la fame cui il socialismo necessariamente porta sono i risultati, non voluti e fuori da quelle che erano le previsioni originarie, di uomini la cui intenzione era quella di procurare libertà e benessere per tutti. Tatjana Tolstaja, figlia del grande scrittore russo Lev Tolstj, così si esprimeva in una lettera riguardo alla rivoluzione del 1917, quando tutto ebbe inizio come una festa:

> Domenica ero ancora in vestaglia quando udii nella tenuta le grida "Urrà!" e il canto della Marsigliese [...] La cosa migliore di questa Rivoluzione è che è tanto pacifica. E' commovente e dimostra la grande statura spirituale del popolo russo. Nostro padre ha sempre creduto nel popolo russo e chi sa

[48] G. Rensi, op. cit., pp. 18-19. L'autore si riferisce qui alle delusioni politiche sofferte con la degenerazione del socialismo nell'immediato dopoguerra e con la presa del potere da parte del fascismo.

[49] Dante Alighieri, *La Divina Commedia. Paradiso,* XIII, 112-114, La Nuova Italia, Firenze 1985, p. 181.

che non gli tocchi davvero d'essere esempio per gli altri popoli.[50]

Queste erano parole di speranza per quella che sembrava essere ormai la fine del vecchio regime e il principio di una nuova società più giusta. Purtroppo però solo un anno più tardi, dopo che la rivoluzione di febbraio sarà trapassata in rivoluzione d'ottobre, le parole di Tatjana diventeranno di tutt'altro genere:

> Sono molto avvilita nel morale: non avrei mai pensato che il nostro popolo e la nostra società fossero tanto meschini come invece si sono rivelati. Non faccio che sognare di andarmene all'estero alla prima occasione per fare di Tanja (sua figlia) una persona ammodo, e non quella melma ripugnante di cui oggi la Russia è piena [...] Mi tormenta l'insensata brutalità che viene messa in atto dal nostro governo ormai del tutto accecato [...] Negli ultimi giorni da noi in campagna in momenti diversi hanno portato via cinque cavalli. Sulla strada hanno derubato e violentato una donna che si recava a Tula con 400 rubli per acquistare una mucca. Sempre sulla strada hanno assassinato un contadino-calzolaio che andava a Tula per acquistare della merce. A Kosaja Gora hanno ucciso il custode. Al nostro prete hanno portato via i cavalli [...]Tra l'altro, hanno torturato Ljuba Novosil'ceva a tal punto che ella si trova malata e incurabile nell'ospedale della prigione. L'hanno accusata di non so quali cospirazioni [...] Ricordate? Papà diceva che la libertà non può essere il fine, bensì la conseguenza di una vita buona e morale. I "compagni" non capiscono nulla e procedono sciocchi, trionfanti e presuntuosi.[25]

[50] Cit. da V. STRADA, *Tolstoj. Fuga dalla Rivoluzione*, in «Corriere della Sera», 26 novembre 1998.
[51] *Ibidem.*

E' d'altra parte la saggezza popolare a ravvisarci del fatto che la sorte cela sempre situazioni ironiche; c'è infatti un adagio risalente ai nostri avi il quale afferma che «di buone intenzioni è lastricata la strada dell'inferno».

Quando ci accingiamo a pianificare qualcosa secondo ragione, dovremmo rammentare sempre che, per prima cosa, non possediamo verità universali che possano giustificare in assoluto ciò che vogliamo attuare, e, a seguire, che non siamo nemmeno in grado di prevedere tutte le conseguenze delle nostre azioni in quanto il mondo è libero di muoversi al di fuori del nostro controllo.

Sembra volerci raccontare proprio questo Georges Bernanos nella bellissima descrizione, ironica e sospirata, della sacrestana tignosamente eroica:

> Avevo una volta una sacrestana stupefacente, una buona suora di Bruges secolarizzata nel 1908, un cuore coraggioso. Gli otto primi giorni, strofina tu che strofino anch'io, la casa del buon Dio si era messa a luccicare come un parlatorio di convento; non la riconoscevo più, parola d'onore! Eravamo all'epoca del raccolto, devo dire; non veniva un gatto e quella satanica vecchietta esigeva che mi levassi le scarpe: io, che ho orrore delle pantofole! Credo persino che quelle le avesse pagate di tasca sua. Ogni mattina, beninteso, trovava un nuovo strato di polvere sui banchi, uno o due funghi del tutto freschi sul tappeto del coro, e delle tele di ragno...ah, piccino mio!, delle tele di ragno da farci un corredo da sposa.
>
> Mi dicevo: continua a strofinare, figlia mia, domenica vedrai. E la domenica è venuta. Oh! Una domenica come le altre, una festa senza scampanii, con la solita clientela. Inezie! Insomma a mezzanotte ella dava la cera e strofinava ancora, a lume di candela. Qualche settimana dopo, per Ognissanti, venne una missione da fracassar tutto, predicata da due Padri redentoristi, due valentuomini. La

> disgraziata passava le notti a quattro zampe, tra il suo secchio e la catinella - annaffia tu che annaffio io - tanto che la muffa cominciava ad arrampicarsi su per le colonne e l'erba spuntava tra le giunture delle lastre. Non c'era mezzo di farle intender ragione, a quella buona suora! A darle retta, avrei messo alla porta tutti quanti perché il buon Dio avesse i piedi all'asciutto, capite? Le dicevo: "mi rovinerete in medicine!" poiché tossiva, povera vecchia! Ha finito per mettersi a letto con una crisi di reumatismo articolare, il cuore non ha resistito e pluf! ecco la mia buona suora davanti a San Pietro. In un certo senso, è una martire, non si può sostenere il contrario. Il suo torto, certo non è stato di voler combattere la sporcizia, ma d'averla voluta annientare, come se fosse possibile. Una parrocchia è forzatamente sporca. Una cristianità è ancora più sporca[52].

E' appunto percependo la stessa ironia dell'eroismo descritta da Bernanos, che alcune persone, se venissero a sapere che qualcuno sta giungendo a casa loro col deliberato intento di far loro del bene, fuggirebbero a gambe levate.

> L'unico modo di aiutare gli altri è quello di non fare loro del male. L'unico modo di fare del vero male agli altri è quello di volerli "aiutare"[53].

Questo, Giorgio Scerbanenco scrittore ucraino-milanese, pensava e annotava in un suo diario e, a ben vedere, tale considerazione non è per nulla pessimista. Soprattutto se si nota che il verbo aiutare è posto tra virgolette. Difatti è spesso vero che chi è affetto da smania di soccor-

---

[52] G. BERNANOS, *Diario di un curato di campagna*, Mondadori, Milano 1946, pp. 10-11.

[53] Cit. da M. BREDA, *Scerbanenco. Il signore in giallo*, in «Corriere della Sera», 3 ottobre 1998.

rere il prossimo, è convinto anche di possedere consigli e suggerimenti assolutamente esatti efficaci e infallibili. Perciò finisce col prodigare raccomandazioni e ammonimenti, senza essersi preso però precedentemente la briga di ascoltare attentamente e ossequiosamente le reali esigenze del malcapitato.

E' per questi motivi che l'eroismo e l'abnegazione totale a idee e ideali finiscono spesso, una volta che ci si trova di fronte ai loro effetti reali, col giustificarsi richiamando a loro scusante quelle che erano le intenzioni originali.

E' per questi motivi che, a nostro avviso, parlare di uguaglianza perfetta tra tutti gli uomini come di mercato perfetto è una facile e forse ipocrita utopia; ciò non vuol dire, però, che occorra eliminare ogni tensione, ogni desiderio, tutt'altro: lo scopo è non rimanere accecati da una luce che può essere solo artificiale, poiché la nostra attenzione deve rimanere vigile il più possibile. Come dice Popper, è necessario agire per l'eliminazione dei mali concreti piuttosto che per realizzare dei beni astratti[54].

I.A. ed «esperienza AHA»

Si è mostrato precedentemente come Cartesio, semplicemente affidando a Dio la certezza delle sue idee, risolvesse con comodità il problema spinoso della fondazione della conoscenza della realtà.

Ora invece il lettore constaterà che la soluzione cartesiana era assai adatta a sciogliere anche un'altra questione altrettanto pungente. Era chiaro infatti per Cartesio che, se le idee universali dell'uomo potevano dirsi un dono di Dio, di conseguenza al genere umano era ammesso fre-

[54] Cfr. D. ANTISERI, *Trattato di metodologia delle scienze sociali*, UTET, Torino 1996, p. 525.

giarsi del titolo di creatura prediletta dell'universo. Era insomma giustificato e logico chiamare l'uomo il re del mondo, in quanto partecipe del disegno divino sull'universo. Se l'uomo conosce la verità, l'uomo sarà allora creatura divina.

Qualcuno potrebbe ora obiettare che non è necessario attribuire al nostro genere alcunché di divino, poiché la superiorità dell'uomo sul resto del creato è comunque evidente. Ebbene temiamo che questo qualcuno si sia perso perlomeno gli ultimi quindici anni della produzione cinematografica di fantascienza, nella quale, una volta su tre, l'uomo viene soggiogato e reso schiavo da una nuova razza padrona: i cervelli artificiali.

Lo sviluppo odierno dell'informatica ha riportato in auge una tematica in effetti più annosa di quanto si pensi. Ci si domanda ormai da secoli se il genere umano sia unico e particolare o se invece sia riconducibile facilmente alla specie animale, seppure si dimostri un po' più sofisticato. Già Hume, ad esempio, nega che vi sia differenza di natura tra l'uomo e le bestie, le quali «sono dotate di pensiero e di ragione al pari degli uomini»[55], e quindi precisa che la ragione «non è un meraviglioso e inintelleggibile istinto della nostra anima [...] questo istinto nasce dalla osservazione ed esperienza (confermata dall'abitudine)»[56].

Perciò anche la ragione deve considerarsi un prodotto naturale. Nel 1748 un medico e filosofo francese, J. O. de La Mettrie, scriveva un celebre libro in cui l'uomo è detto non differire in nulla dagli animali, salvo che per la maggiore complessità del suo organismo e del suo cervello, ed è presentato, alla stregua di un animale, come una perfetta macchina corporea:

---

[55] Abbiamo tratto queste citazioni da *Enciclopedia Filosofica*, cit., alla voce *Ragione*.

[56] *Ibid.*

> La meccanica, che apre il canale di Eustachio ai sordi, non potrebbe sturarlo anche nelle scimmie? Un felice desiderio di imitare la pronuncia del Maestro non potrebbe liberare gli organi della parola in animali che imitano le altre scimmie e con tanta abilità ed intelligenza? [...] Sono sicuro che, se si esercitasse questo animale, si riuscirebbe a insegnargli ad articolare parole e quindi a imparare una lingua. Allora non sarebbe più nè un uomo selvaggio nè un uomo mancato: sarebbe un uomo perfetto[57].

Dunque empiristi e illuministi raffigurano l'uomo come una macchina. Ma a svelare e mostrare veramente la nostra «normalità» fu, nell'800, Charles Darwin. Costui dimostrò inequivocabilmente che l'uomo era una scimmia evolutasi in maniera più complicata e migliore, e la questione esplose in tutta la sua portata. In fondo, fino alle scoperte di Darwin, l'uomo si era sempre considerato come appartenente ad una specie superiore e diversa; era evidente che l'uomo non poteva essere un semplice membro della natura, ma ne era il signore, l'occupatore, era il padrone di casa. Dopo Darwin l'uomo perdeva la sua presunta superiorità originale; tuttavia si continuava ancora a considerare la ragione come una peculiarità umana e quindi in grado di mantenere la nostra stirpe sul suo piedistallo.

Anche illuministi ed empiristi, pur considerando il cervello umano una macchina, si piegavano di fronte al suo tanto misterioso funzionamento, non paragonabile a nessun altro marchingegno e non riscontrabile in nessun altro essere.

Oggi invece una nuova area degli studi scientifici, quella della Intelligenza Artificiale, pretende di togliere all'uo-

---

[57] J. O. de La Mettrie, *L'uomo macchina*, a cura di G. Preti, Feltrinelli, Milano 1973, pp. 34-39.

mo ciò che era rimasto a farne una creatura peculiare e superiore: la sua intelligenza o ragione. I computer sono già oggi in grado di svolgere numerosi compiti che sono stati in passato una prerogativa esclusiva del pensiero umano, per di più con una precisione e velocità che vanno molto al di là dei risultati raggiungibili da un essere umano. Per questo «l'I.A. forte»[58] ha pensato che l'attività mentale umana fosse riducibile semplicemente all'esecuzione di qualche sequenza ben definita di operazioni, designata col termine algoritmo.[59]

A fronte di ciò, l'obbiettivo della I.A. divenne ben presto quello di trovare l'algoritmo giusto, ossia quel procedimento sistematico in grado di imitare, per mezzo di macchine, l'attività mentale umana. I risultati delle ricerche dell'I.A. sono stati tanto entusiasmanti che oggi possiamo dire che un computer può arrivare a battere in una partita a scacchi il campione mondiale della specialità e quindi umiliare qualsiasi altro essere umano che giocasse solo ogni tanto per svago.

Non solo. Assai sorprendente (almeno a nostro avviso) è il fatto che, negli anni sessanta, fu elaborato un programma per computer che era in grado di simulare uno psicoterapeuta; i risultati di questo programma ebbero tanto successo che alcuni pazienti arrivarono a preferire il computer al terapeuta umano. Proviamo a leggere allora un dialogo tra un paziente e il computer-terapeuta e vedremo che il risultato sarà credibile (o almeno così è stato per molti pazienti):

---

[58] Corrente estremistica degli studi sulla Intelligenza Artificiale, la quale è convinta che tra un secolo o due i computer saranno in grado di fare qualsiasi cosa di cui sia capace una mente umana.

[59] Per una semplice comprensione del concetto di algoritmo, vedi R. Penrose, op. cit., p. 57

Terapeuta: Come posso aiutarla
Paziente: Non so
Terapeuta: Cerchi di dirmi qualcosa in proposito
Paziente: No
Terapeuta: Può precisare meglio
Paziente: Oggi mi sento male e sono stanco
Terapeuta: Ha una idea delle cause
Paziente: Si sono vecchio
Terapeuta: Continui
Paziente: Mi pare che non mi interessi più niente
Terapeuta: Mi dica di più su questi suoi sentimenti
Paziente: Ho anche qualche idea del perchè mi sento così
Terapeuta: Si
Paziente: Mi pare di aver perso l'opportunità di avere una famiglia
Terapeuta: Perché le pare di aver perso l'opportunità di avere una famiglia
Paziente: E' una cosa difficile
Terapeuta: Perché è importante per lei [60]

Sarebbe insomma ormai giunto il momento di accettare con rassegnazione il fatto che l'uomo non solo discende dalle scimmie, ma può anche essere imitato (e l'I.A. promette che succederà) in tutti i suoi aspetti razionali ed emotivi da una intelligenza artificiale. L'uomo non sarebbe nulla di più di una macchina complicata, e i suoi segreti sembrerebbero in procinto di essere svelati.

Dopo Darwin, a chi domandava cosa distinguesse l'uomo dagli animali, era ancora possibile rispondere che la chiave di tutto era la ragione; ora, dopo la rivoluzione informatica, a chi ci domandasse cosa rende l'uomo diverso e superiore rispetto ad una macchina calcolatrice, conoscendo le potenzialità di progresso dei computer in futuro, cosa potremmo rispondere? Anche l'intenzionalità infatti, dopo Freud, ci è venuta meno.

[60] In R. Penrose, op. cit., p. 33.

Eppure, nonostante tutto, il filosofo e studioso del linguaggio John Searle è convinto che mai e poi mai un computer potrà arrivare a CONVERSARE e COMPRENDERE come un essere umano, e quindi che la segreta particolarità dell'uomo non si possa nascondere dietro un semplice algoritmo.

Ciò che il filosofo americano vuole insomma affermare è che, perché un computer possa definirsi veramente «umano», dovrebbe essere in grado di sostenere un colloquio con una persona, e questo secondo Searle, è impossibile: in pratica si arriva alla conclusione che la specificità dell'uomo è la sua facoltà di usare il linguaggio e in particolare la sua capacità di comprendere ciò che dice e ciò che gli viene detto.

In soldoni il dibattito si esaurisce in questo: ad alcuni (i fautori della I.A.) sembra plausibile che l'attività linguistica e di comprensione dell'uomo sarà presto raggiunta dalle macchine, ad altri (come a Searle) no.

A nostro avviso il punto non è questo. Infatti prima di rendere le macchine simili a noi, occorrerà capire come noi stessi COMPRENDIAMO, cioè quali sono i meccanismi particolari che guidano le nostre conversazioni. Ebbene, in questo percorso siamo ancora ben lontani da conclusioni unanimi: cosa significa, ad esempio comprendere? E, soprattutto, che significa comprendere un altro essere umano?

Le risposte sono più di una e spesso sono confinate all'interno di determinate discipline: c'è chi associa il termine al fenomeno empatico, ovvero alla capacità di rivivere il «vissuto» di un altro (che può essere un amico, uno scrittore, un paziente, un autore, etc.). Nel campo delle discipline semiotiche il momento della comprensione si ridurrebbe invece, più o meno, alla corretta attribuzione di un significato ad un significante tramite l'aiuto di un codice stabilito. Per un cristiano, poi, comprendere vorrebbe dire solamente «ben volere», accettare cioè senza giudicare in maniera ultimativa, perché solo Dio è in grado di comprendere.

In questi ultimi venti anni l'analisi del discorso ha fatto emergere la quantità di problemi che riguardano il fenomeno della comprensione: la semiotica, la linguistica, la psicologia, la sociologia, la filosofia analitica e molti altri campi di studio più specifici come il cognitivismo hanno cercato di indagare l'interdiscorsività. Ciò che ne è emerso è che comunicare è una attività che richiede competenze inimmaginabili, di cui noi stessi, che parliamo e ci capiamo quotidianamente, non ci accorgiamo.

Un caso certamente tipico ed esemplificativo è quello del discorso ironico. Molti studiosi hanno insistito sul fatto che l'ironia è una figura del linguaggio assai complicata e, per questo, spesso finisce con l'essere incompresa: addirittura, nella scrittura, qualcuno ha proposto anche il punto d'ironia per rendere palesemente comprensibile il senso ironico di quanto viene enunciato. Come constata anche Marina Mizzau: «come ogni tropo l'ironia ha due livelli di significato che si innestano su di un unico significante: il significato letterale, manifesto, e il significato derivato, latente; inversamente a quanto avviene nel linguaggio non figurato, e analogamente agli altri tropi, il significato denotativo è quello derivato, mentre il significato connotativo è quello letterale»[61]

Ovvero, se io dico «*che bella giornata oggi!*» mentre in realtà piove, esprimerò con tale frase un significato letterale (o manifesto, che dir si voglia) col quale però non voglio effettivamente intendere o indicare che è una bella giornata di sole, bensì voglio dire in maniera figurata, in modo simpatico, cioè con ironia, che fuori piove ma non per questo occorre necessariamente abbattersi (si-

---

[61] M. Mizzau, op. cit., pp. 21-22.

gnificato derivato o latente). Per cui «la sequenza ironica è costituita da un senso letterale che viene invertito, dando luogo al senso derivato, grazie a indici metacomunicativi che dovrebbero consentire al locutore di trasmettere l'intenzione ironica e al ricevente di comprenderla»[62]. Nel nostro esempio specifico, per capire il senso ironico dell'enunciato «*che bella giornata oggi!*», il ricevente dovrà guardare fuori dalla finestra e scrutare il tempo. E proprio il tempo, ossia il contesto in cui è pronunciata la frase, sarà l'indice metacomunicativo per capire l'ironia. «Si pone quindi il problema della individuazione e della classificazione degli indici dell'ironia»[63].

Molti studiosi dell'ironia hanno insistito sull'incertezza dei suoi indici, e quindi sulla sua costitutiva ambiguità. Bisogna infatti notare che «l'ironia è l'unica figura retorica che utilizza il non verbale e il paralinguistico come segni di distinzione»[64]. Abbiamo appunto visto che, per comprendere l'ironia della frase «*che bella giornata oggi!*», dobbiamo riferirci al contesto in cui è pronunciata, oppure, se non ci è possibile controllare lo stato del tempo, ci dovremo riferire al tono, alla mimica, ai gesti, ai commenti, all'ostentazione iperbolica o enfatica dell'atto locutivo. Il problema è, però, che tutti questi sono indici difficili da interpretare, tant'è vero che nell'ironia scritta si rasenta la disperazione e si è appunto proposta l'introduzione, come dicevamo, di un meno equivocabile punto d'ironia, per sostituire gli indici, non troppo chiari, che si usano di norma come le virgolette, il punto esclamativo, i puntini di sospensione, etc. E' insomma incontestabile che spesso l'ironia rischia di non essere compresa, soprat-

---

[62] *Ibid.*, p. 22.
[63] *Ibid.*, p. 22.
[64] *Ibid.*, p. 22.

tutto quando il ricevente non conosce profondamente il locutore e la sua personalità, le sue convinzioni:

«Olbrechts-Tyteca (*Il comico del discorso*, 1977) cita un esperimento compiuto in una scuola media: il pamphlet di Swift "Una modesta proposta" (che è un apologo paradossale il quale considera l'opportunità di destinare al consumo alimentare i bambini delle famiglie povere irlandesi per risolvere i problemi della sovrappopolazione e della fame) non venne nella maggior parte dei casi compreso nel suo significato ironico, ma inteso come proposta seria»[65].

Tuttavia l'aspetto più paradossale e che più ci preme sottolineare dell'ironia è il fatto che, più questa viene spiegata, meno risulta efficace; ovvero, se la si delucida chiaramente, non suscita più quella simpatia o quel riso o quello straniamento che ne costituiscono la sostanza.

«Essere ironico è, tra le altre cose, fingere [...] e anche se si vuole che la finzione venga riconosciuta come tale, annunciare una finzione rovinerebbe l'effetto»[66]; per questo, mentre negli altri tropi sono possibili commenti metacomunicativi del tipo «*parlando metaforicamente*», non è possibile trovare la premessa dello stesso tipo, (ossia «*parlando ironicamente*»), nel discorso ironico.

Questo è importantissimo, poiché significa che per comprendere l'ironia appieno, per gustarla veramente, occorre che questa non sia segnalata, deve sorger spontaneamente, all'improvviso, senza calcoli.

L'ironia non si può calcolare, ecco il punto; se ne facciamo un procedimento algoritmico, cioè sistematico, una sequenza ben definita di operazioni la sciupiamo. E se

---

[65] *Ibid.*, p. 25.

[66] H. P. Grice, *Further notes on logic and conversation*, in P. Cole, a cura di, *Syntax and semantics-pragmatics*, Academic Press, New York, pp. 113-127, cit. da M. Mizzau, op. cit., p. 23.

questo è vero, allora un computer, una macchina calcolatrice ben difficilmente la comprenderà appieno: gli mancherà il riso spontaneo che spesso accompagna questo tropo.

Quindi, come diceva Wittgenstein, una macchina non potrà mai entrare nel gioco linguistico e competere con la creatività dell'uomo; ad essa sarà sempre impossibile comprendere, perché ciò è già difficile per l'uomo e, soprattutto, non potrà comprendere ciò che appartiene solo all'uomo ovvero l'umorismo.

Con noi, e con Wittgenstein, sembra essere d'accordo anche Martin Gardner se così si esprime:

> Quando un fisico o un matematico [o chiunque, N.d.A.] sperimenta quella sorta di intuizione profonda improvvisa che gli psicologi chiamano "esperienza AHA", essa è [.....] qualcosa di più del risultato di un calcolo profondo.[67]

[67] M. Gardner, *Prefazione* a R. Penrose, op. cit., p. 8.

«Le corbellerie si possono
sempre perdonare; sono una
cosa simpatica perchè
conducono alla verità».

(F. Dostoevskij)

Capitolo 3

Il dialogo

Innanzitutto occorre precisare una cosa. Alla base di ogni dialogo deve necessariamente essere accettato un presupposto: ovvero, perché abbia un senso il dialogare, occorre anticipatamente ammettere che sia possibile raggiungere, proprio attraverso la discussione, se non definitivamente una verità oggettiva, quantomeno una soluzione o una opinione valida e condivisibile dai due o più dialoganti.

L'eristica

Nell'antichità classica, paradossalmente, i sofisti, pur non considerando raggiungibile quella verità oggettiva che è lo scopo e il senso del dialogo, furono quelli che dedicarono più attenzione in assoluto alla parola ed al suo uso. Il problema risiede esattamente nel fatto che costoro, essendo convinti che non esiste nessuna verità che non sia soggettiva, non potevano accettare il presupposto fondamentale della pratica del dialogo e si preoccuparono, perciò, non di raggiungere un buon argomento dai più accettabile, ma unicamente di far prevalere la propria opinione senza compromessi. Il risultato fu che i sofisti cominciarono letteralmente a sprecare le parole.

Secondo i sofisti tutto ciò che si poteva dire di certo riguardo a qualsiasi cosa era che questa è uguale a se stessa, cioè che, ad esempio, il cane è cane (A=A) ed ogni altra cosa predicabile di questo era da considerarsi opinabile; infatti anche dire del cane che è animale equivarrebbe a dire che A=B e ciò farebbe emergere una contraddizione. Di fronte a questa evidenza le soluzioni erano due: o il silenzio, o la libertà di dire ogni cosa senza limitazioni. I sofisti scelsero la seconda soluzione ed inventarono l'eristica: se ogni argomento è giustificabile, dato che nessuno può imporsi come vero, occorrerà trovare altri mezzi per difendere le proprie opinioni, e questi mezzi furono trovati nella capacità di costruire discorsi sempre più ben architettati, belli e coinvolgenti tanto da risultare più convincenti di quelli avversari, non per il significato o per il contenuto di verità, ma appunto per la capacità ammaliatrice.

Parlando di uno dei massimi sofisti quale fu Gorgia, Giuseppe Rensi mette in luce il fatto che questi fu lo scopritore della suggestione, "il primo che abbia pensato a trattarla con arte e con intenzione cosciente, riconoscendo in essa un mezzo potente per dominare e guidare gli animi. In servizio di tale suggestione - continua il Rensi - e dei fini pratici a cui essa può servire, Gorgia scopre un altro importante concetto, quello dell'inganno legittimo, dell'illusione proficua e bella (di cui egli scorge l'applicazione non solo nel campo etico, ma anche in quello estetico). Quindi per Gorgia, la retorica non significa appunto altro che questo, lo sforzo cioè di suggestione sulla volontà altrui per determinarla ad agire secondo l'intenzione di colui che sa con la potente efficacia della parola tale suggestione operare".[68]

[68] G. Rensi, *Figure di filosofi: Gorgia, Ardigò*, Guida, Napoli 1938, pp. 51 sgg.

Per i sofisti perciò non c'è dialogo poiché non c'è possibilità di procedere verso un argomento migliore partendo da quelli proposti inizialmente dai contendenti; tutto ciò che si può fare è difendere la propria opinione nel miglior modo possibile, non perché questa sia preferibile, ma solo perché è la propria. E per difenderla occorre usare la parola sapientemente, poichè essa è strumento potentissimo. Come dice Gorgia:

> Bisogna osservare i discorsi coercitivi degli agoni oratorii, in cui un discorso diletta una gran folla e la persuade se è scritto con arte [...] La forza della parola nei riguardi dell'ordine dell'anima sta allo stesso rapporto dell'ordine dei farmachi nei riguardi della condizione del corpo. Poiché come alcune medicine eliminano dal corpo alcuni umori ed altre altri, e le une pongono fine alla malattia altre alla vita, così anche dei discorsi gli uni addolorano, gli altri rallegrano, gli altri spaventano, gli altri incoraggiano gli uditori, gli altri con qualche malvagia persuasione avvelenano e ammaliano l'anima.[69]

Gorgia e i sofisti costruiscono perciò, allo scopo di esercitare la maggior influenza con le loro opinioni, un codice retorico per mezzo del quale accreditare la prosa come strumento di potere. Come asserisce Roland Barthes, si ha così l'avvento di una prosa decorativa, di una prosa spettacolo.

I sofisti costruiscono la prima tecnica del discorso, cominciano così ad armonizzare le varie parti delle loro perorazioni e ad abbellirne le parole esaltandole, in particolare, grazie all'uso di astuzie come metafore, assonanze, allitterazioni, iperboli, la litote, la sineddoche e anche l'ironia.

[69] Cit. da L. CANFORA, *Antologia della letteratura greca*, Vol. II, cit., p. 349.

Socrate fu il primo a riproporre la necessità di una fiducia in una verità oggettiva, tuttavia capì anche che tale verità non poteva più essere cercata nel groviglio delle cose sensibili e nemmeno nell'autorità di un uomo o di una tradizione. Per Socrate il vero sta in noi stessi, è nell'intimo di ogni anima ed è insieme nostro proprio ed anche di ciascuno, personale ed universale. Proprio perché la verità sembra essere connaturata e nello stesso tempo nascosta nell'uomo, l'unico strumento che può permetterci di coglierla è il dialogo, ovvero la pratica di uno sforzo comune che sola permette la ricerca del vero, non penetrabile altrimenti nella solitudine.

Socrate è l'uomo della relazione, è colui che si apre agli altri suoi simili, verso i quali nutre immensa fiducia, dato che, a suo dire, solamente nel confronto del dialogo è possibile cogliere l'universale, senza essere ingannati da false suggestioni e desideri menzogneri. In questa comunicazione ricostruita, la parola cessa di valere come potenza fisica (Gorgia) e riconquista tutto il suo valore etico: i sofisti svolgevano le loro argomentazioni facendo leva sulle passioni naturali, Socrate riporta la comunicazione sul piano della amicizia sincera e per questo la reinserisce nell'alveo della responsabilità. Il dialogo deve avere una funzione rivelatrice per cui non è possibile intraprendere tale strada se non si è liberi, o disposti a liberarsi, da interessi, pregiudizi ed acredini; inoltre, una volta raggiunte delle conclusioni, non sarà possibile tirarsi indietro e sfuggire la responsabilità di quanto si è arrivati insieme a dire.

Ciò che riusciamo a comprendere dagli scritti di Platone è che il dialogo socratico non ha un incedere slegato e appare tutt'altro che estemporaneo ed improvvisato. È evidente a tutti che ci troviamo di fronte ad una procedura metodica; tant'è che, da parte di alcuni, si parla della dialettica socratica come di un vero e proprio strumento di ricerca del vero. Tale metodo dialettico sarebbe suddiviso in due momenti distinti: il primo, chiamato momento della confutazione o *pars destruens*, vedrebbe in azione la celebre ironia socratica, cioè la fredda simulazione con cui Socrate avrebbe finto di assecondare l'interlocutore, concedendogli ragione e chiedendogli consiglio. In realtà, secondo alcuni, nel complesso questo momento non sarebbe altro che uno scherzo ben architettato, concepito all'unico scopo di costringere l'avversario a dar conto di sé, a estorcergli definizioni in modo che se ne possano individuare le lacune e quindi indurre costui in contraddizione. Solo quando si sarà riusciti a stordire l'interlocutore con le sue stesse affermazioni, si potrà successivamente passare al secondo stadio della dialettica socratica, la *pars costruens*. Siamo così al momento della maieutica. A questo punto la confutazione subita dovrebbe provocare nell'arringatore un effetto di purificazione dalle false certezze e quindi indurre l'anima di questi, se ne è gravida, a «partorire» la verità, a raggiungere cioè la sapienza.

Ora, se questa sembra essere l'interpretazione comune del dialogo socratico, noi invece, vogliamo distanziarcene almeno parzialmente per evidenziare maggiormente alcuni aspetti. Innanzitutto, non ci sembra assecondabile l'idea di un dialogo socratico come strumento eccessivamente rigido e meccanico. A nostro avviso, difatti, è importante sottolineare la reale curiosità e il sincero interesse per le opinioni dei suoi interlocutori da parte di Socrate; questi si avvicina per l'appunto in amicizia ed in umiltà ai propri compagni di argomentazione. Siamo perciò invitati, se quanto detto è vero, a rinnegare una descrizione del dialogo socratico visto come una macchina i cui ingranaggi sono già belli e pronti per ridicolizzare gli avversari e condurli alla vera ragione. Non c'è, ai nostri occhi, un'applicazione rigida e premeditata di uno strumento ingegnoso, bensì c'è un Socrate disposto apertamente al dialogo, il quale a sua volta, per esser tale, deve essere libero e non schematico, aperto ad ogni soluzione senza decisioni pregiudiziali.

Proprio per le stesse ragioni, anche la concezione dell'ironia unicamente come momento di confutazione e negazione va rivista: l'ironia non è un subdolo artificio grazie alla malizia del quale si può contrastare ogni argomento. Secondo la nostra riflessione non si può ridurre l'ironia ad uno scherzo quasi scortese ma necessario; per noi è da intendersi come ironia l'atteggiamento sul quale si basa tutto il dialogo socratico, ovvero la simpatia e la curiosità con cui Socrate si interessa agli altri sapendo che la verità non può essere il discorso di uno solo, bensì il risultato di un rapporto. Solo all'interno di un quadro quasi idilliaco, in cui due amici tentano attraverso la discussione di avvicinarsi ad una sapienza comune, è possibile comprendere il gioco socratico dell'ironia. Al di fuori di questa cornice, invece, l'ironia sembra proprio contraddire ogni benevola solidarietà e anzi appare come una astuzia atta solo a colpire.

L'ironia, allora, può dirsi non solo una caratteristica formale (simulazione) ma soprattutto un atteggiamento sostanziale della dialettica socratica: il grande filosofo ateniese è sempre disposto ad accettare qualsiasi congettura ed ogni argomento, essendo consapevole del fatto che ogni opinione è utile per tracciare un solco verso la strada della sapienza, ma anche del fatto che, da sola, qualsiasi posizione non può costituirsi come via certa, se prima non è perlustrata e verificata attraverso il confronto dialettico.

Questo è il senso dell'ironia socratica che ci si propone qui di rimarcare, ma soprattutto questa è l'accezione generale con cui vogliamo arrivare a elogiare l'atteggiamento ironico. Proprio su questa capacità di mantenere uno spirito aperto, di accogliere chiunque con umore gentile, vogliamo fondare l'essenza di un dialogo ideale ed anche proficuo.

Se abbiamo a questo punto individuato nella dialettica socratica il modello per compiere i nostri dialoghi, e se inoltre abbiamo evidenziato l'atteggiamento ironico che è alla base di quello e che ne è il segreto, tutto ciò non vuol dire che sia poi facile seguire tale modello ed imitare con semplicità l'ironia benevola di Socrate, ottenendo così gli stessi risultati di solidarietà e concordia.

In effetti l'equilibrio ironico che si esprime nella leggiadria e nella felicità, è tutt'altro che stabile: spesso l'ironista si fa coinvolgere dai sentimenti e dalle situazioni abbandonando ogni gentilezza e disponibilità. Anche per Socrate non sempre si può parlare di una ironia positiva e di una dialettica pacata. Jankelevitch stesso, a proposito dell'ironia socratica, si domanda se si debba parlare sempre di ironia vera e propria o anche, in alcuni casi, di machiavellismo: infatti - dice Jankelevitch - Socrate parla appena, ma soprattutto fa parlare sino a mettere gli sciocchi in situazioni incresciose. Ma, se è così, questo tipo di ironia perde una qualità irrinunciabile, l'indulgenza. Siamo così entrati nel campo del cinismo, pericolo che Socrate conosceva bene e che seppe evitare, poiché, anche quando cascò tra le sue grinfie, riuscì sempre a ritornare sui suoi passi facendosi perdonare: il filosofo ateniese infatti era in grado di approvare anche la mediocrità astenendosi dal biasimarla. La frase che più di frequente si ritrova nei dialoghi socratici e che meglio rappresenta lo spirito del filosofo è senza dubbio questa: «Su via! esaminiamo insieme».

Anche Callicle accusava Socrate per il fatto di compiacersi particolarmente nel far cadere la gente in contraddizione[70]. Tuttavia egli, come anche tutti gli altri che eb-

---

[70] Cfr. PLATONE, *Gorgia*.

bero a discuterci, non poteva non rimanere coinvolto, al di là di tutto, dalla cortesia e dalla affabilità naturale del filosofo ateniese; così che anch'egli era costretto infine ad ammettere di provare per Socrate un sentimento personale di vera amicizia.

Sembrerà infine ironico affermare, come Socrate, che senza dialogo non c'è verità, porre quindi proprio l'assoluto nell'incertezza della discussione, tuttavia è affatto così, dato che ironica è l'esistenza e ironico il rapporto di questa col vero. Come fa notare Bultmann, il verbo esistere viene dal latino *ex-sistere*, espressione scomponibile in due parti che se andiamo ad analizzare etimologicamente rivelerà una contraddizione: infatti *sistere* vuol dire «stare in» (noi stiamo dentro il mondo), mentre la preposizione *ex* significa «fuori da» (il mondo non si esaurisce da solo e da solo non si spiega).

La diatriba

L'equilibrio che è necessario nell'esercizio dell'ironia è talmente difficile da mantenere, che nessuno, se non Platone, fu in grado di sostenerlo veramente dopo Socrate.

Per ciò che riguarda la dialettica platonica si può condividere certamente quanto afferma Roland Barthes; ossia che Platone, come Socrate, ricerca l'interlocutore e che la modalità fondamentale del suo discorrere è il dialogo tra il maestro e l'allievo uniti da una passione ispirata. Tanto che anche per Platone -afferma il semiologo francese- il motto «pensare in comune» andrebbe a pennello. E' molto bello ricordare il modo di procedere della dialettica discensiva di Platone: in base a questa si procedeva da una idea generale a cui venivano attribuiti due termini, due caratteristiche; quindi bisognava scegliere o l'uno o l'altro di questi per rilanciare la «discesa» ed accedere ad un nuovo abbinamento, per riuscire a cogliere infine la specie indivisibile.

Il modello perciò prevedeva sempre la scelta tra due elementi; ma come avveniva tale sottolineatura? Come dice Barthes: «nel dialogo platonico, la marcatura è assicurata da una concessione di colui che risponde [...] La retorica di Platone implica due interlocutori, e che uno annuisca: è la condizione del movimento»[71]. Tutto questo sembrerebbe in sostanza riportarci al dialogo socratico; tuttavia v'è a mio parere uno scarto non trascurabile assolutamente tra l'atteggiamento ironico di Socrate e quello del suo allievo una volta giunto alla propria maturità filosofica. Socrate, infatti, ebbe sempre fiducia nella verità, ma quest'ultima rimaneva sempre un qualcosa di ambiguo che si discioglieva nel dialogo in tal maniera che quasi veniva ad identificarsi col momento del dialogare stesso. Prova ne è, della natura anfibia della verità e dell'importanza dell'attività dell'interloquire, il fatto che Socrate mai scrisse alcunché e mai gli sarebbe stato possibile, poiché, come egli stesso diceva, nulla aveva da insegnare e quindi da trascrivere.

Per Platone, invece, le cose cambiano: egli cominciò con lo scrivere (e di ciò l'umanità gli sarà sempre grata) e finì poi con il parlare del mondo dell'intelletto, ovvero del mondo della verità. Il discepolo di Socrate rimase sempre ben cosciente dello scarto esistente tra quel mondo (l'Iperuranio) e il mondo che ci appartiene, ed il dialogo infatti rimaneva la pratica non per conoscere le idee vere, ma, ben più semplicemente, per avvicinarsi solamente ad esse. Tuttavia anche solo identificando un simulacro della verità, pur senza raggiungerla, Platone intaccò la perfezione del dialogo socratico; infatti egli per primo (ma a seguirlo furono in molti e con più ostinazione) comin-

[71] R. Barthes, *La Retorica antica*, cit., p. 18.

ciò a provare una strana nostalgia per quel mondo ideale di verità, discreditando sempre più il mondo in cui si trovava a vivere, sino ad arrivare a prefigurare una via mistica per il raggiungimento della verità. E' inutile dire a questo punto che tale via nulla o poco ha più da spartire col dialogo socratico, ed anche col dialogo in generale. Quella che in Platone era solo una venatura mistica si è trasformata poi, per altri, in ricerca deliberata dell'isolamento e in pratiche di ascesi contemplativa, ovvero nell'opposto contrario del dialogo.

La colpa tuttavia della deformazione e della distruzione del dialogo socratico e soprattutto dell'ironia amorevole che l'accompagnava, fu proprio di coloro che vollero rifarsi esclusivamente a Socrate come maestro sia nel pensiero che anche nella vita. E il risultato, ancora una volta evidenziando la pericolosità e la difficoltà di un atteggiamento ironico, fu decisamente infelice e quanto mai traditore del pensiero del filosofo ateniese. E' già incredibile il fatto che, pur richiamando ad esempio un solo uomo, si vennero a formare almeno tre scuole filosofiche diverse e, oltretutto, nessuna minimamente in grado di carpire l'essenza del pensiero di Socrate e di imitarne anche parzialmente la vita.

I socratici minori credettero di dover ricordare a tutti che l'unico sapere si trova nella consapevolezza dell'ignoranza. Si può dire che, per contrastare Platone e i suoi successori ormai assorbiti dalla nuova ricerca del sapere, i filosofi delle scuole socratiche trasformarono il dialogo del maestro in una sorta di archibugio pronto a colpire e distruggere ogni presunzione di conoscenza. I Cinici, in particolar modo, travisando lo spirito che animava Socrate, inventarono un nuovo modo di interloquire che chiamarono diatriba. Questa, nella forma come nelle finalità, non manteneva alcun contatto col dialogo socratico. Alla base del pensiero cinico c'era la sfiducia, di certo non socratica, in ogni possibilità di giudizio, per cui ogni sapere, ogni tradizione, ogni argomento era inutile ed anzi veniva ad essere un vincolo, un orpello a cui era auspicabile sottrarsi per divenire veramente liberi.

Potrebbe sembrare che l'approdo cui giungono i cinici sia simile a quello dei sofisti. In realtà il risultato è ben peggiore e ce lo dimostrano le diatribe, cioè il loro modello di argomentazione. L'eristica dei sofisti, infatti, manteneva, seppur limitato, uno scopo, un obiettivo: rimaneva nei sofisti almeno la volontà di difendere un'opinione; la diatriba, invece, non aveva altra finalità che quella di ridicolizzare tutto. In sostanza, come spiega anche Nicola Abbagnano, le diatribe non erano altro che delle prediche petulanti e sarcastiche che il più delle volte non avevano nessuna base filosofica e nessuna giustificazione morale. Si trattava perciò di reprimende, di ramanzine moralistiche che senza proporre soluzioni erano semplicemente contro le opinioni e i costumi dominanti. Vale senza dubbio per i cinici quanto diceva Fozio a proposito di Luciano: «è uno di quelli che non prendono sul serio nulla; mette in ridicolo le opinioni degli altri ma non dichiara mai la sua: a meno che non si voglia definire opinione il non saper nulla»[5].

A inventare e a codificare il metodo di discussione della diatriba fu Bione di Boristene (III sec. a.C.), ma grandi maestri di questa furono senza dubbio Telete il cinico e Menippo di Gadara. Filosofi e scrittori questi di cui non ci sono rimaste molte testimonianze, ma che influenzarono in maniera determinante autori come appunto Luciano e quindi Lucilio, Varrone, Giovenale ed altri nei secoli successivi. Proprio nelle opere di coloro testé citati possiamo allora ritrovare esempi esaustivi del sarcasmo sprezzante che doveva caratterizzare il pensiero e l'atteggiamento dei cinici.

---

[72] Cit. da L. Canfora, op. cit., Vol. III, pp. 685-686.

Insomma, con la corrente cinica, si esaurisce quel dialogo tanto apprezzato e praticato da Socrate, vengono meno la curiosità e la volontà di avvicinarsi al prossimo. Come per i sofisti anche per i cinici non c'è fiducia nella possibilità di raggiungere un qualsiasi concetto universale.

«O Platone – diceva Diogene il cinico – vedo il cavallo ma non vedo la "cavallinità"» (ovvero l'universale, l'idea che possa avvicinare la mia e la tua realtà, le quali rimangono altrimenti soggettive e perciò arroccate e incomunicanti).

«Perché – rispondeva malinconicamente Platone – non hai gli occhi per vederla» (ossia egli non voleva vederla, non era interessato ad avvicinarsi).

Troviamo però, nei cinici, anche un atteggiamento di rifiuto e di disprezzo ostinato non riscontrabile invece nei sofisti:

> Diogene non sopportava il fatto che Platone, un filosofo, potesse vivere in una casa comoda e piena di belle cose. Un giorno di gran pioggia, entrò come una furia nella sua stanza da letto e con i piedi infangati gli calpestò le coperte ricamate e i tappeti, poi uscì di nuovo in mezzo alla strada, si sporcò ben bene i piedi, e ritornò dentro a saltare sulle coperte e sui tappeti. Platone lo osservò senza intervenire.
> "Calpesto l'orgoglio di Platone!" urlò Diogene.
> "Con altrettanto orgoglio" rispose Platone.
> [...] Un'altra volta, trovandosi in una bellissima villa, ricca di tappeti e di soprammobili, sputò in faccia al proprietario; subito dopo gli pulì il viso col mantello e gli chiese scusa dicendo di non aver trovato in tutta la casa un punto così brutto da poterci sputare sopra[73].

---

[73] Cit. da L. De Crescenzo, *Storia della filosofia greca*, Mondadori, Milano 1986, p. 56.

In conclusione si può dire che siamo partiti dall'ironia come semplice figura retorica di cui si servì l'arte dell'eristica; quindi abbiamo visto Socrate trasformare questo gioco di parole e significati in un atteggiamento vitale che non può non spingere al dialogo; infine si è descritto lo stravolgimento del comportamento socratico ad opera dei cinici, i quali hanno inasprito una volontà semplice e fiduciosa sino a farne una volontà opposta di disprezzo e di scoramento buffonesco.

La disputazione

Nel medioevo, a partire dall'epoca di Carlo Magno, vediamo nascere, organizzarsi e crescere le prime scuole; grazie all'attività culturale di queste si svilupperà quell'imponente corpo dottrinale che sarà in seguito chiamato scolastico. La chiusura, all'inizio del VI secolo, dei luoghi di formazione culturale pagani ad opera di Giustiniano, segna infatti la fine della stessa cultura pagana. Di contro, l'apertura delle nuove scuole o l'assorbimento delle antiche in nuove istituzioni educative da parte della Chiesa, segna l'inizio della formazione e organizzazione, lenta e laboriosa, della nuova cultura.

Il sapere dell'epoca, quello che veniva insegnato appunto nelle scuole di palazzo (palatine), monacali ed episcopali era stato diviso, sin dai tempi di Alcuino di York (730 - 804), in quelle che potremmo chiamare tre grandi macroaree. Queste macroaree non erano altro che le progenitrici della parcellizzazione del sapere, che vedremo attuarsi nelle università con il moltiplicarsi delle discipline di studio e delle cattedre.

Suddividere il sapere in campi o aree limitate era naturalmente necessario ai fini educativi; non sarebbe stato possibile praticare un buon insegnamento senza aver chiaro un metodico e preciso percorso formativo da seguire, tramite il quale impartire le varie nozioni in un giusto ordine di tempo e di coerenza degli argomenti. Perciò il Medioevo divise il proprio sapere sostanzialmente in tre discipline, che all'epoca erano chiamate arti liberali: Logica, Grammatica e Retorica. Tra le tre, la disciplina certamente più importante era la Logica o Dialettica, ovvero lo studio delle forme e delle strutture del ragionare bene. In pratica, per trattare un qualsiasi argomento occorreva innanzitutto, se si voleva ottenere una definizione o proposizione esatta cioè vera, badare ad usare una determinata forma di ragionare: quella logica. Sostanzialmente, il ragionamento vero era quello logico, e l'unico modo di ottenere un enunciato vero era quello di impostarne la definizione tramite i principi della logica formale.

La verità (fatta eccezione naturalmente per quella Rivelata) con il Medioevo viene definitivamente legata alla disciplina logica, lo studio della quale diviene principio base della conoscenza. Dopo la logica, in ordine di importanza, veniva la grammatica in quanto studio del linguaggio e delle sue parti. Per ultima, e solo come successivo ritocco ornamentale, seguiva la retorica.

Quelli che erano gli artifici o figure dell'arte retorica, tra cui troviamo codificata anche l'ironia, erano considerati dei semplici abbellimenti del discorso, e perdipiù - come afferma anche Roland Barthes - del tutto inessenziali in rapporto alla verità ed al fatto.

Questa retorica si presenta come «quel che viene dopo» ed è ciò che:

> Suprema mano opponit, opusque sororum
> Perfecti atque semel factum perfectius ornat[74]

[74] «Dà l'ultima mano, compie l'opera delle sorelle ed adorna il fatto in modo più compiuto».

L'ironia insomma, in quanto inserita all'interno di questa visione della retorica, è semplicemente uno dei «colores rethorici», cioè un imbellettamento per raffigurare la verità e il fatto in maniera meno scarna.

L'ironia viene distaccata totalmente dalla verità e dall'essenza del dialogo, non è più considerata funzionale alle argomentazioni messe in campo, non toglie e non aggiunge valore a quanto viene espresso, ma è solo una «pennellata» quasi inutile sul tutto, con lo scopo di rendere il discorso appena più piacevole.

L'ironia, in quanto arguzia o battuta accattivante, non ha senso nelle argomentazioni importanti, dove a farla da padrona è la logica.

La verità ed il discorso scientifico-filosofico si basano unicamente sulla lucida e fredda logica del sillogismo.

Dall'accostamento della logica al dialogo nasce la *Disputatio*, ovvero un metodo codificato di condurre una discussione, di modo che una volta impostati gli argomenti, e rimanendo nel rispetto delle procedure e delle regole, si possa giungere infine ad una conclusione certa.

In realtà, la *disputatio*, nonostante il suo andamento sia apparentemente quello proprio del dibattito, ordinato con una successione di domande, risposte e conclusioni, ben più che ad un dialogo assomiglia ad una dimostrazione logico-matematica. E proprio in ragione del suo carattere dimostrativo la *disputatio* era appunto usata come strumento didattico ed educativo nelle scuole e nelle università.

Il modo di procedere della disputa si basava essenzialmente sul celebre sistema elaborato da Abelardo nella sua opera *Sic et Non:* si partiva proponendo una *questio* (problema), quindi tale *questio* veniva suddivisa in vari argomenti particolari i quali venivano successivamente dibattuti con continue obiezioni e confutazioni. Solo dopo un'analisi la più minuziosa possibile di tutti gli argomenti proposti si stabiliva finalmente l'accettabilità di una soluzione.

Per rendere chiaro il tutto prenderemo ad esempio un brano tratto dalla *Summa Teologica* di San Tommaso e proprio la parte nella quale il grande filosofo analizza che cosa sia l'ironia. Il metodo argomentativo usato è quello logico o dialettico proprio delle dispute, e nel procedimento non v'è spazio per considerazioni spiritose, ambigue, o ironiche. L'ironia stessa è presa come un argomento affatto serio, tanto che compare nella Summa inserita nel contesto della trattazione dei vizi opposti alla verità e, precisamente, come dissimulazione delle proprie qualità.

> QUESTIONE 113
> L'Ironia
> Passando a trattare dell'ironia, esamineremo due cose: 1. Se l'ironia sia peccato; 2. Il confronto tra l'ironia e la millanteria.
>
> ARTICOLO 1
> Se l'ironia, con la quale uno finge di sottovalutare se stesso, sia peccato.
> SEMBRA che l'ironia, con la quale uno finge di sottovalutare se stesso, non sia peccato. Infatti:
> 1. Nessun peccato viene commesso per ispirazione divina. Eppure da questa è derivata per alcuni la sottovalutazione di se stessi. Infatti nei Proverbi si legge: "Visione narrata da un uomo che vive con Dio, e che confortato dalla presenza di Dio disse: Io sono il più stolto degli uomini". E di Amos si legge:"Amos rispose: Io non sono profeta". Dunque l'ironia, con la quale uno degrada a parole se stesso, non è peccato.
> 2. S. Gregorio ha scritto: "E' proprio delle anime buone riscontrare in se stesse delle colpe in cose che colpa non sono". Ma qualsiasi peccato è incompatibile con la bontà dell'anima. Quindi l'ironia non è peccato.

3. Fuggire la superbia non è peccato. Ora, a detta del Filosofo, alcuni "dicono di se stessi meno del vero per fuggire l'orgoglio". Perciò l'ironia non è peccato.
IN CONTRARIO: S. Agostino ammonisce: "Quando mentisci per umiltà, se non eri peccatore già prima, lo diventi con la menzogna".
RISPONDO: Uno può a parole sottovalutare se stesso in due maniere. Primo, salvando la verità: cioè tacendo le qualità superiori di cui è dotato, e scoprendo solo certi difetti, che però riconosce di avere. Sottovalutare così se stessi non rientra nell'ironia: e nel suo genere non è peccato, se non intervengono altre circostanze.
Secondo, uno può sottovalutare se stesso a parole a scapito della verità: p. es., asserendo di se stesso delle cose ignominiose, di cui non è persuaso; oppure negando dei meriti che invece riconosce in se stesso. Ebbene, questo rientra nell'ironia, ed è sempre peccato.
SOLUZIONE DELLE DIFFICOLTA': 1. Ci sono due tipi di sapienza e due tipi di stoltezza. C'è una sapienza secondo Dio, la quale è accompagnata da una certa stoltezza, che è tale secondo gli uomini, o secondo il mondo. S. Paolo in proposito così si esprime: "Se alcuno tra voi crede di esser savio della sapienza di questo secolo, diventi stolto per farsi savio". C'è invece una sapienza mondana, la quale, secondo il medesimo Apostolo, "è stoltezza presso Dio". Perciò colui che viene ispirato da Dio confessa di essere stoltissimo secondo il criterio umano; poiché disprezza le cose del mondo cercate dalla sapienza umana. Ecco perché il passo citato così prosegue: "E la sapienza degli uomini non è con me"; e aggiunge: "Io conosco la scienza dei santi". - Si potrebbe anche rispondere che "la sapienza degli uomini" è quella che si acquista con la ragione umana, mentre "la sapienza dei santi" è quella avuta per ispirazione divina. Amos poi intese negare d'esser profeta per nascita: e cioè negò

> di appartenere alla casta dei profeti. Infatti alle parole citate egli aggiunse: "Né figlio di un profeta".
> 2. La bontà dell'anima fa sì che l'uomo tenda alla perfezione della virtù. Ecco perché allora uno reputa colpa non solo mancare alla virtù comune, che è una vera colpa, ma anche il fatto di non raggiungere la perfezione della virtù, che talora non è vera colpa. Ma costui non afferma una colpa di cui non è persuaso: come avviene invece nella menzogna dell'ironia.
> 3. Un uomo non deve mai fare un peccato per evitarne un altro. Perciò non deve mentire per evitare la superbia. Di qui le parole di S. Agostino: "Per evitare l'arroganza non si abbandoni la verità". E S. Gregorio ammonisce che "sono imprudenti quegli umili che si lasciano irretire dalla menzogna".[75]

Come si può vedere, la prima questione riguardante l'ironia (ovvero se l'ironia sia un peccato oppure no) è sottilmente analizzata e argomentata, tramite ripetute obiezioni e confutazioni, nel modo più lucido possibile e nessun punto o affermazione è ridicolizzata, minimizzata o trattata con sarcasmo o spirito leggero che sia esso comico, ironico o altro.

Da quanto si è perciò sin qui constatato, l'ironia nel medioevo sarebbe stata ridotta ad un piccolo e inutile ornamento per argomenti di secondaria importanza; mentre San Tommaso ce ne da una descrizione che la raffigura addirittura come un vizio ed un peccato. Tutto questo sembra porsi in accordo con le raffigurazioni del medioevo che vedono questo periodo storico come un'epoca dalla cultura oscurantista, rigida e avversa al riso ed al diver-

---

75 San Tommaso D'Aquino, *La Somma Teologica*, II-II, questione 113 De Ironia, articolo 1; traduzione a cura dei domenicani italiani, Casa Editrice Adriano Salani, Firenze 1951-1975.

timento. Ma questa visione è del tutto superficiale e falsa, poiché, come vedremo, l'ironia nei suoi diversi aspetti e forme quali la simpatia, l'incertezza, la comicità, la sorpresa, l'irrazionalità, l'assurdo, l'inganno, ecc. emerge in ogni piega sia culturale che sociale del medioevo.

Anzitutto si deve constatare che tutte le discussioni medievali prendono sempre come base ed esempio i Testi Sacri, cioè la Verità Rivelata direttamente da Dio e da Cristo. Ma la sorte (che, si sa, spesso è ironica) vuole che proprio la Bibbia sia testo il più contraddittorio immaginabile dal punto di vista di esempi pratici di vita: la Bibbia ci racconta che tutto in fondo è possibile e tutto pericoloso, e solo Dio è giudice del bene e del male.

Ecco perciò che tutte le dispute medievali, pur procedendo dagli stessi esempi e dai medesimi principi che si trovano esposti nelle sacre scritture, finiscono per ultimo col sostenere argomenti opposti. Si ricordi, e solo come uno dei tanti esempi possibili, la celebre disputa sulla povertà di Cristo, la quale, nonostante le innumerevoli dispute e argomentazioni di alcuni dei più illustri uomini del tempo, rimase irrisolta.

Su cosa sia giusto o ingiusto, vero o falso, in fondo le Sacre Scritture non si pronunciano se non ponendo dei limiti che, il più delle volte, si perdono nelle sfumature delle situazioni. Un esempio su tutti è quello della menzogna, secondo l'ottavo comandamento mentire è peccato, ma se andiamo a leggere la Bibbia scopriamo che Abramo stesso suggerì a sua moglie Sara di mentire.

E così come Abramo mentirono anche Giacobbe e Giuditta e molti altri, per terminare con gli stessi evangelisti, i quali, stando a quanto hanno scritto, differiscono in varie parti nei loro racconti della vita di Gesù.

La saggezza dei medievali, tuttavia, sta proprio nel fatto che non ci fu alcun avvilimento o scoraggiamento, bensì si constatò sapientemente che la logica della Verità non era elementare e semplice come si era potuto superbamente pensare. Così che la disputa non era da eliminare bensì da raffinare, indagando ogni argomento sotto tutti i rispetti particolari possibili.

E questo nonostante la grande opposizione della corrente culturale mistica e antidialettica la quale, schernendo le mille contraddizioni delle dispute, era solita chiedersi con giusta ironia, secondo le parole di S. Paolo (1 Cor 1, 20-24): "Ma dov'è dunque il dotto? Dov'è il sapiente? Dove mai il sottile ragionatore di questo mondo? Non ha forse Dio dimostrato stolta la sapienza di questo mondo? Poiché, infatti, nel disegno sapiente di Dio il mondo, con tutta la sua sapienza, non ha conosciuto Dio, è piaciuto a Dio di salvare i credenti con la stoltezza della predicazione. E mentre i Giudei chiedono miracoli e i Greci cercano la sapienza, noi predichiamo Cristo crocifisso, scandalo per i Giudei, stoltezza per i pagani; ma per coloro che sono chiamati, sia Giudei che Greci, predichiamo Cristo potenza di Dio e sapienza di Dio".

Al di là di tutto, insomma, a ben vedere l'epoca medievale presenta una notevole quantità di aspetti ironici.

Da sempre, ad esempio, si pensa al medioevo come ad un periodo storico totalmente adagiato e rinchiuso nei limiti della cultura e del sapere cristiano, ma non si fa caso al fatto che la cosiddetta cultura cattolica non è cosa all'interno della quale il medioevo si ritrovò improvvisamente immerso ed imprigionato; piuttosto è un modello culturale che lo stesso medioevo produsse, ed anche con notevolissimo sforzo intellettuale e di esperienza di vita.

Nell'epoca della verità incontestabile e certa si deve paradossalmente constatare come non c'è nemmeno un grande pensatore di quell'età che non abbia provato in tutti i modi a dimostrare l'esistenza di Dio. Come mai? Perché tanto impegno per dimostrare una cosa della quale, e proprio allora, tutti avrebbero dovuto essere pacificamente certi? In realtà il medioevo è il periodo dei dubbi e delle questioni cavillose; tutto è discutibile, tanto che spesso veniva richiamato il pensiero di Agostino "dubito ergo sum".

Non è per nulla vero che il medioevo è stato un periodo storico culturalmente cieco e ristretto nei confini angusti del pensiero cristiano e cattolico. Piuttosto si potrebbe dire che nessuna "verità" è mai stata tanto discussa, analizzata, definita, derisa ed insieme esaltata come è stato per la verità rivelata dal Vangelo di Cristo. Nessun'altra filosofia o religione o scienza ha mai dato adito a così tante interpretazioni e discussioni. E se l'ironia come artificio argomentativo è stata forse trascurata dagli ambienti dotti ed istruiti del tempo, tutto il contrario si potrebbe affermare per quella che era la saggezza e la cultura popolare del medioevo. Il medioevo è, infatti, l'epoca dei grandi predicatori, i quali per convertire il popolo dovevano prima di ogni altra cosa attirarne l'attenzione. E quale strumento poteva essere più efficace per questo fine dell'ironia?

Ecco allora che le storie e le leggende dei grandi santi e monaci divengono pian piano un insieme di simpatici aneddoti destinati a circolare velocemente di bocca in bocca. Storie affascinanti nelle quali i protagonisti riescono sempre ad avere l'ultima parola grazie alla loro scaltrezza, furbizia ed ironia. Grazie dunque all'affabulazione, in parte anche prodotta dall'ironia, i predicatori dell'epoca impartivano le loro lezioni morali senza cadere nel misticismo o in seriosi ammonimenti, i quali avrebbero fatto fuggire le folle invece di attirarle.

Celebri per la loro comicità sono *I Fioretti di San Francesco*, il quale fu tra l'altro anche spesso rimproverato per la sua ilarità e letizia. Assai numerosi, poi, sono gli episodi ironici che ci sono pervenuti nei racconti delle varie vite dei santi, nelle leggende e nella letteratura popolare del medioevo.

Gregorio Magno ci racconta così un episodio della vita di San Isacco:

> Due girovaghi un giorno, dopo aver nascosto i loro abiti buoni nella cavità di un albero, si presentarono ad Isacco con vesti talmente lacere da sembrare quasi nudi e chiesero con insistenza di essere rivestiti per amore di Cristo. L'eremita, dopo averli ascoltati in silenzio, chiamò un suo discepolo e lo mandò in segreto a prendere le vesti nascoste nell'albero; poi si recò di nuovo dai due vagabondi e, quasi divertendosi a rendere beffa per beffa, disse loro: "Venite poveri ignudi, prendete e vestitevi". E, con grande meraviglia dei due falsi questuanti, gli regalò i loro stessi abiti!"

Di San Lorenzo è rimasta famosa una celebre battuta con la quale invitava i suoi carnefici, che l'avevano posto su di una graticola per torturarlo, a girarlo dall'altra parte perché ormai cotto a puntino: *"Manduca, jam coctum est"*.

Forse è il caso di far rilevare finalmente il fatto che il periodo storico da sempre riconosciuto come il più bigotto e ingenuamente gretto sia stato in realtà quello in assoluto più spietato nell'analisi minuziosa di quella verità rivelata che, pur costituendo la base culturale di tutto l'occidente, tuttavia risultava alla fine più un terreno di discussione continua piuttosto che un pensiero acquisito e condiviso. Ad una analisi degli elementi culturali presenti nella società di oggi, forse si potrebbe senza oltraggio persino affermare che il mondo nel quale viviamo è più ristretto e massificato culturalmente di quanto non fosse stato il mondo medievale occidentale, dove, proprio tramite il termine di raffronto del pensiero cristiano, la cultura occidentale non solo si avvicinò per la prima volta con gran profondità di interesse ad altre culture, come quella araba e giudaica, ma fiorì e ramificò in una infinità di correnti (eresie, movimenti, ordini, ...) così diversi ed originali che la loro ricchezza e particolarità è ancor oggi ispirazione per ogni pensiero moderno.

La dialettica

Con l'epoca illuministica torniamo a notare l'asprigno spirito polemico dei cinici. E' chiaramente quanto afferma Nicola Abbagnano quando scrive: "l'Illuminismo, che su questo punto fu l'erede del libertinismo, si avvalse spesso, nella critica delle credenze e delle istituzioni tradizionali, della satira, dell'irrisione, del sarcasmo e dell'ironia"[76].

Voltaire, che si può considerare il più emblematico rappresentante della mentalità illuministica, delle sue virtù e dei suoi limiti, usava affermare che ne uccide più l'ironia che la spada; tant'è vero che le sue battute fulminanti superavano la gettata di qualsiasi fendente di sciabola, arrivando a fare il giro dei salotti e delle corti di tutta Europa. Nel settecento sentimenti, idee, comportamenti morali, generi letterali, teologia e filosofia vengono tutte passate al vaglio del modo comico-parodico, così che l'elenco di opere ironiche, intendendo l'ironia nel senso assolutamente più esteso e generico, è immenso[77]. All'interno di questo variegato quadro v'è, però, un personaggio che riporta l'ironia al ruolo di faro capace di illuminare l'attività del dialogo. Costui è Shaftesbury, grande pensatore nato a Londra nel 1671 e morto a Napoli nel 1713. Egli sembra ritornare a Socrate poiché afferma che la ragione non si apprende dai trattati

---

[76] N. ABBAGNANO, *Storia della filosofia*, Vol. II, UTET, Torino 1966, p. 394.

[77] Solo per citare le più celebri, possiamo ricordare: PARINI, *Il Giorno*; DIDEROT, *Jacques il fatalista*; STERNE, *Tristram Shandy* e *Viaggio sentimentale*; VOLTAIRE, *Candido*; POPE, *Il riccio rapito*; SWIFT, *I viaggi di Gulliver*; MONTESQUIEU, *Lettere persiane*.

dei dotti o dai discorsi degli oratori, ma solo dal libero esercizio della critica e della discussione[78].

Così si esprime il nobile inglese:

> La libertà di fare dell'ironia e di esprimere dubbi su tutto con correttezza di linguaggio, la possibilità di esaminare o confutare qualunque argomento senza offesa per l'avversario, sono i metodi che si devono usare per rendere gradevoli le conversazioni filosofiche. Infatti, a dire il vero, esse sono state rese tediose dalla angustia delle leggi loro prescritte e dall'oppressione della pedanteria e del bigottismo di coloro che le considerano prerogative proprie e che si arrogano il diritto di regnare da despoti in tali province del sapere[79].

Per cui, a detta di Shaftesbury, le discussioni filosofiche sono l'anima del pensiero umano e, proprio in conseguenza a ciò, è necessario che siano gradevoli, cioè interessanti per qualsiasi uomo, datosi che ognuno potrebbe in tal modo dare il suo contributo. Lo strumento migliore atto a questo fine è per Shaftesbury, come per Socrate, l'ironia, la quale, non solo rende il discorrere piacevole, ma ha anche la virtù di mortificare l'arroganza dei pedanti che parlano convinti di illustrare la Verità.

> Sono convinto che l'unico metodo per conservare il buon senso degli uomini e tener desto lo spirito nel mondo, sia lasciarlo libero. Ma lo spirito non è mai libero dove è soppressa la libera ironia: contro le stravaganze corrucciate e contro gli umori melanconici non esiste infatti rimedio migliore[80].

---

[78] Cfr. A. A. Cooper terzo Lord di Shaftesbury, *Characteristics of Men*, Manners, Opinions and Times, London 1900.

[79] Shaftesbury, *Sensus communis*, cit. da N. Abbagnano, op. cit., p. 394.

[80] Shaftesbury, *A Letter Concerning Enthusiasm*, cit. da N. Abbagnano, op. cit., p. 395.

Sempre secondo il filosofo inglese, perciò, l'ironia combatte l'entusiasmo che ispira il fanatico, ovvero la credenza di essere direttamente ispirati dalla divinità in tutti i propri atteggiamenti e quindi di poter parlare in nome della Verità stessa. "Ma l'efficacia negativa dell'ironia nei confronti dell'entusiasmo sta nel fatto che essa si situa, per combatterla, sullo stesso terreno dell'entusiasmo: cioè sul terreno delle emozioni. L'ironia è, si può dire, l'emozione guidata o sorretta dalla ragione, l'emozione razionale, che accompagna la libera critica e ne assicura l'accettazione e la diffusione; come l'entusiasmo è l'emozione resa strumento di schiavitù intellettuale, religiosa e politica."[81] Shaftesbury riconosce quindi i diritti e le funzioni sia delle emozioni sia dell'intelletto, ma crede che la virtù sia "prerogativa solo di chi può riflettere sulle proprie emozioni, oggettivarle nella coscienza, quindi scegliere razionalmente tra di esse per rafforzarle o indebolirle"[82].

Qualche decennio più tardi, dopo la morte di Shaftesbury, in maniera che ha del misterioso e del paradossale, il dialogo si è pian piano trasformato, nell'idealismo assoluto, da attività di discussione tra più persone, in una vera e propria immagine della struttura intima e più vera del mondo e della storia. Il dialogo, da ricerca con intenti euristici, ha offerto l'ispirazione per una spiegazione totale e conclusiva della realtà, spiegazione che è stata definita dialettica. Dal dialogo inteso come ricerca del vero che prevede un io ed un tu o un noi, si è venuto elaborando un modello metafisico di raffigurazione del cosmo. Il metodo del filosofare si è costituito come filosofia stessa; la conoscenza discorsiva è divenuta una metafisica che ha trovato in Hegel, e nei suoi successori del pensiero totalitario, grandi sostenitori.

---

81 N. Abbagnano, op. cit., p. 395.

82 *Ibid.*, p. 395.

Si potrebbe forse identificare l'ironia col secondo termine della triade dialettica tesi-antitesi-sintesi, ma in realtà l'ironia non può esser ridotta ad un semplice momento che prevede già di esser superato: l'ironia è una condizione definitiva dell'esistenza e riesce ad essere positiva proprio in ragione del fatto di non avere alcuna certezza definitiva, alla quale non può e non vuole nemmeno aspirare. L'ironia non conduce all'azione risoluta, anzi, al contrario, assomiglia al demone socratico che "mette in guardia, impedisce, ingiunge ad astenersi"[83], poiché la prudenza è d'obbligo se ignoriamo le leggi che guidano l'universo.

In questi ultimi decenni, tuttavia, il sistema scolastico moderno ha riscoperto la discussione come mezzo didattico e ne ha riconosciuto il valore specialmente nella partecipazione vitale e nell'interesse che essa suscita per l'apprendimento. E finchè si pratica il dialogo e lo si perfeziona non si può che arrivare a raggiungere quell'equilibrio sottile che è ironia. Come dice Gino Corallo la discussione "è particolarmente adatta per gli allievi più adulti e può diventare particolarmente ricca di frutti se opportunamente organizzata. Questa però deve essere usata a conclusione di uno studio o di una ricerca condotta dagli allievi sotto la guida dell'insegnante, circa un punto particolare. La preparazione è necessaria, infatti, perché non si cada in vuote logomachie finendo col disorientare gli alunni ed anche perché si desti in questi un reale interesse per la questione"[84]. E' indubbio che per il Corallo, l'impiego della discussione risponde ad un effettivo interesse e ad una esigenza dell'età adolescente.

Si può ricordare infine che oggi una interessante applicazione di questo metodo dialogico si ha, per esempio,

[83] S. Kierkegaard, *Sul concetto di ironia*, cit., p. 165.

[84] G. Corallo, in *Enciclopedia filosofica*, Sansoni, Firenze 1967, Vol. II, alla voce *Disputa*, p. 549.

nei cineforum, di cui sono evidenti -sempre per il Corallo- i vantaggi per l'educazione del gusto e del giudizio; nonché anche una attività di comunicazione che è molto diffusa nelle organizzazioni odierne come il brainstorming, si avvicina non poco alla descrizione della discussione fatta sopra.

Dopotutto, in questo secolo, il termine dialogo è tornato ad essere usatissimo nel suo senso di attività di comunicazione, e non poteva essere altrimenti se si crede ormai dissolta la pretesa di attingere verità assolute. Perciò la comunicazione, il dialogo sono tornati ad essere momenti irrinunciabili che dovrebbero precedere e presiedere ad ogni attività. Così Nicola Abbagnano poteva affermare che la filosofia come la scienza devono imparare a considerare come relative, come puramente possibili le proprie affermazioni e ad essere sempre meno dei monologhi dei diversi autori, per farsi invece dialogo aperto a tutti. Karl Jaspers era assolutamente consapevole di questo e perciò scriveva in *La mia filosofia*, che una comunicazione vera e propria esige un domandare e un rispondere senza fine, ricalcando così il pensiero di molti personaggi di questo secolo, primo tra tutti M. Buber seguito dai componenti della scuola del personalismo.

Capitolo 4

Le forme dell'ironia

Il sarcasmo

A questo punto, dopo che si è accostata l'ironia al dialogo, abbiamo illustrato abbastanza chiaramente che, chi fa dell'ironia, compie degli atti comunicativi assai rilevanti rispetto alla relazione che instaura con gli altri. Il problema è che le forme dell'ironia e i suoi intenti sembrano essere non solo molteplici ma anche contraddittori. Il tipo di relazioni cui possono portare questi vari aspetti dell'azione ironica sembra eccessivamente diversificato per dirsi frutto di un unico atteggiamento o comportamento verbale: essere ironici può significare infatti – come dice anche Marina Mizzau – presentare una certa immagine di sé; coinvolgere l'altro in una rete di complicità, ma anche tenere a distanza; mostrare simpatia e amicizia, ma anche offendere; trasgredire tabù e anche sanzionare la trasgressione; confondere l'altro o illuminarlo. Nello stesso tempo l'ironia sembra essere strumento di esclusione, o di conflitto, ma anche possibile luogo di alleanza e di affiliazione.

A proposito di tutte queste distinte ed opposte gradazioni con cui si manifesta l'espressione ironica, crediamo, in realtà, si sia già illustrato quale dovrebbe essere, secondo la nostra analisi, il vero significato di un'azione ironica: l'esempio migliore, per noi, di ironia rimane infatti il pensiero e il comportamento di Socrate, così come è stato sopra presentato. Tuttavia se abbiamo individuato quelli che ci sembrano gli aspetti più propri del tipo di relazione ironica, non possiamo certo escludere e dimenticarci tutti gli altri. Per questo anche l'analisi stilistica ha suddiviso la comunicazione ironica in tre distinte manifestazioni assegnando a ciascuna di queste un nome e una definizione precisa: abbiamo così l'ironia vera e propria, il sarcasmo e l'umorismo[85].

E' bene dire, sin da ora, che anche questa classificazione è ben lungi dall'essere precisa, completa e chiara. Rimangono ancora tante altre sfumature non così facilmente riportabili a questi tre casi: lo stesso Pirandello nota che, se solo pensiamo a tutto il comico nelle sue varie espressioni, troveremo tantissimi generi, come ad esempio la burla, la baja, la facezia, la caricatura, la satira, l'invettiva. Difficili da catalogare e distinguere, senza contare tipi di discorso come, ad esempio, il *pastiche*, la satira parodistica, il *divertissement*, la novella o farsa, le sfumature dei quali lasciamo analizzare ad altri. Comunque, a noi, la tripartizione della nostra figura in ironia, sarcasmo ed umorismo appare assai proficua e la sfrutteremo proprio per chiarire ancor meglio la bellezza e la portata euristica del dialogo ironico, mettendolo a confronto con il modo di comunicare sarcastico e con quello umoristico.

Cominceremo analizzando il sarcasmo, il quale, generalmente, è descritto come una ironia divenuta aspra e brutale o troppo palese[86]. E' celebre, come esempio di sarcasmo, l'invettiva di Dante contro Firenze:

---

[85] Cfr. GIUSEPPE L. MESSINA, *L'arte dello scrivere*, Angelo Signorelli Editore, Roma, 1958, pp. 73-74.
[86] *Ibid.*

Godi, Fiorenza, poi che se' sì grande,
che per mare e per terra batti l'ali,
e per lo 'nferno tuo nome si spande!
Tra li ladron trovai cinque cotali
tuoi cittadini onde mi vien vergogna,
e tu in grande orranza non ne sali.

Ma se presso al mattin del ver si sogna,
tu sentirai di qua da picciol tempo
di quel che Prato, non ch' altri, t' agogna.
E se già fosse, non sarìa per tempo:
così foss'ei, da che pur esser dee!
chè più mi graverà, com' più m'attempo.[87]

L'obiettivo del sarcasmo è quello dell'attacco astuto al fine di svilire e mortificare un interlocutore. Situazione, quindi, in cui il dialogo esiste solo per ridurre al silenzio la controparte. Il piacere, in un dibattito sarcastico, non nasce dal conversare insieme gustosamente, ma dal fatto di riuscire ad umiliare l'oggetto cui è rivolto il sarcasmo; per questo il divertimento, in tale circostanza comunicativa, potrà essere esclusivamente di un solo interlocutore, o di una sola parte dei partecipanti allo scambio verbale, mentre per gli altri vi saranno solo risa di scherno.

Fermandoci a queste considerazioni, verrebbe ai più di provare immediata e spontanea simpatia per coloro che, trovandosi invischiati in un diverbio, finiscono col subire gli strali del dire e dell'agire sarcastico. In verità, ognuno di noi, consciamente o meno, con maggiore o minore voglia di rivalsa, è pronto ad unirsi, in certe situazioni, alla derisione sarcastica di qualcosa o di qualcuno. Non v'è dubbio, infatti, secondo il senso comune, che vi siano comportamenti o atteggiamenti o modi di pensare che meritino di essere in qualche modo sanzionati e, doven-

[87] Dante Alighieri, *La Divina Commedia. Inferno*, XXVI, 1-12, cit., pp. 290-291.

do scegliere il tipo di sanzione, l'oltraggio sarebbe il prescelto e il più soddisfacente ai nostri occhi. Esempio assai chiaro di questo compiacimento nel condannare, è la sarcastica descrizione che il Manzoni fa di donna Prassede: chi di noi, infatti, non ha riso insieme allo scrittore milanese nel leggere delle gesta e del pensiero di questo personaggio? Si può certamente parlare di accanimento minuzioso del Manzoni nei confronti di donna Prassede, dato che egli è attento a coglierne i punti deboli e a condannarli senza remore. E noi ci aggreghiamo senz'altro a lui nel suo amaro sarcasmo, poiché ridere di donna Prassede significa ridere di una caricatura al di sotto della quale è rappresentato ciò che sembra, almeno a parole, irritare maggiormente l'umanità tutta, ovvero l'ipocrisia. Ecco come il Manzoni si prende gioco di donna Prassede:

> Con le idee donna Prassede si regolava come dicono che si deve far con gli amici: n'aveva poche; ma a quelle poche era molto affezionata. Tra le poche, ce n'era per disgrazia molte delle storte; e non eran quelle che le fossero men care. Le accadeva quindi, o di proporsi per bene ciò che non lo fosse, o di prender per mezzi, cose che potessero piuttosto far riuscire dalla parte opposta, o di crederne leciti di quelli che non lo fossero [...][88]

Quindi, dopo questa impietosa raffigurazione, lo scrittore passa all'accusa aperta:

> Tutto il suo studio era di secondare i voleri del cielo: ma faceva spesso uno sbaglio grosso, ch'era di prender per cielo il suo cervello.[89]

---

[88] A. Manzoni, *I Promessi Sposi*, Mondadori, Milano 1981, p. 399.
[89] *Ibid.*, p. 400.

In pratica la carità di donna Prassede è una pseudo-carità che maschera la voglia di costei di dominare sugli altri, e proprio per tale peccato di ipocrisia ella sembra meritarsi tutto il sarcasmo del Manzoni e nostro. Ora, a donna Prassede, in quanto personaggio letterario, non è data la possibilità di difendersi dagli attacchi divertiti dello scrittore milanese; tuttavia fosse anche una figura realmente esistente, poco potrebbe fare per difendersi di fronte ad accuse tanto astute ed imbarazzanti. Ecco perché si può dire che il sarcasmo mira a fare del dialogo un monologo, dove un arringatore non ascolta il proprio interlocutore, ma lo usa come una sorta di spalla per arricchire gli argomenti che intende sviluppare proprio a danno di quello.

Chi fa del sarcasmo sceglie, non di illustrare al meglio le sue ragioni o di controbattere con precisione quelle altrui, bensì di ridicolizzare e quindi cancellare ogni argomento avversario. Il fine è quello di sgombrare il campo e null'altro, per cui se non funziona l'umiliazione, se non si zittisce l'interlocutore, si può dire che dal sarcasmo si passerà facilmente all'intolleranza e alle soluzioni belliche. Di certo, comunque, le gradazioni del sarcasmo sono moltissime, ma la soluzione finale rimane pur sempre la liquidazione verbale dell'interlocutore. Un esempio di sarcasmo blando ma assai efficace potrebbe essere il seguente:

> "Ma mi ascolti?".
> "Certo, ascolto ogni parola, ognuna di queste singole, acute, esattissime parole. Non lasciarti turbare dal fatto che tengo gli occhi chiusi".[90]

Di certo non sarà facile per nessuno continuare a parlare dopo aver ricevuto una risposta simile e trovandosi di

[90] È citato da HEINRICH BÖLL, *Opinioni di un clown*, Mondadori, Milano, 1965, p. 148.

fronte ad un simile atteggiamento di disinteresse; quindi il sarcasmo, in questa situazione, sarà utile a far tacere il compagno, cavandosela con una lieve scortesia e offendendolo solo velatamente. Non è difficile immaginare però, che una simile disposizione possa poi condurre a pericolose discussioni. Ecco un esempio:

> MERCURIO: Sei uno schiavo o un cittadino libero?
> SOSIA: Sono quale vuole il mio ingegno.
> MERCURIO: Dici davvero?
> SOSIA: Dico davvero sì.
> MERCURIO: Flagello!
> SOSIA: Tu menti, per ora.
> MERCURIO: Ma presto ti farò dire che dico davvero.
> SOSIA: E' proprio necessario?
> MERCURIO: Si può sapere dove sei diretto, di chi sei schiavo e perché sei venuto?
> SOSIA: Qui vengo e sono schiavo del mio padrone. Adesso cosa ne sai di più?
> MERCURIO: Io oggi ti chiavo la lingua, scellerato.
> SOSIA: Impossibile: è casta e ben guardata.
> ...
> MERCURIO: [...] se non te ne vai via subito, mio caro familiare, ti farò avere un'accoglienza poco familiare, parola mia.
> SOSIA: Ma se io abito qui! Sono il servitore di questi signori.
> MERCURIO: Ma sai? Se non te ne vai via, oggi t'innalzo ad una posizione elevata.
> SOSIA: Come?
> MERCURIO: Portato fuori a spalla, non con i tuoi piedi, se pongo mano al bastone.
> SOSIA: Eppure sono di famiglia in questa famiglia: io protesto.
> MERCURIO: Vedi piuttosto di non buscarle, stando qui ancora un po'.[91]

[91] TITO MACCIO PLAUTO, *Anfitrione,* Einaudi, Torino 1975, pp. 18-19.

Come dimostra questo dialogo, il sarcasmo si presta a concludersi in zuffa poiché accende sempre più il diverbio. Non solo, l'esempio appena fatto, illustra come sia possibile rispondere al sarcasmo con vena ugualmente aspra, ma soprattutto chiarisce che, facendo questo, inevitabilmente si arriverà allo scontro aperto. Perciò, prima di accingersi a rispondere al sarcasmo con altrettanto sarcasmo, occorre valutare i rischi, considerando soprattutto il fatto che chi si diletta in questo tipo di ironia storpiata può vantare spesso posizioni di sicurezza e di forza e non teme quindi che qualcuno possa opporglisi.

C'è un solo modo, in realtà, per annullare una umiliazione procurata dal sarcasmo e questo consiste nel disporsi con spirito genuinamente ironico di fronte agli attacchi. Solo l'umiltà dell'ironia può infatti svelare al locutore sarcastico la sua cattiveria, facendo in modo che questi arrivi anche a vergognarsene.

Aristofane, nella sua commedia *Le Nuvole*, fece di Socrate il bersaglio di insulti e derisioni aperte:

> Discepolo: E che diresti, se sapessi un'altra trovata di Socrate?
> Strepsiade: Quale? Ti prego dimmela.
> Di.: Cherofonte di Sfetto gli ha chiesto cosa pensa delle zanzare: cantano con la bocca o col di dietro?
> St.: E lui cosa ha detto, a proposito della zanzara?
> Di.: Ha detto che l'intestino della zanzara è stretto: e sottile qual è, l'aria lo attraversa a viva forza, diritto sino al di dietro; e poi il culo, che concavo si attacca allo stretto, risuona per la forza del soffio.
> St.: Allora il culo delle zanzare è una tromba! O tre volte beato per questa indagine.... intestinale. [...]
> ...
> St.: [...] Ma chi è quel tale nella cesta?
> ...
> Di.: Socrate.

> St.: Toh, Socrate. Su ti prego, chiamamelo: grida forte.
> ...
> Socrate: Perché mi chiami, creatura effimera?
> St.: Prima di tutto, dimmi che fai, ti prego.
> So.: Per l'aere mi muovo e dall'alto guardo il sole.
> St.: E così gli dei li guardi dall'alto di una cesta e non da terra: vero?
> So.: Proprio così! Non avrei mai esattamente scoperto i fenomeni celesti, se non avessi sospeso la mente e mischiato il sottile pensiero con il simile aere. Se me ne stavo a terra ad osservare da giù le cose di su, non avrei mai scoperto nulla: chè la terra con la forza attira a sè l'umore del pensiero. Proprio ciò che succede al crescione.
> St.: Ma che dici? Il pensiero attira l'umore verso il crescione?[92]

La tradizione vuole che Socrate onorasse con la sua presenza la rappresentazione della commedia di Aristofane e, a piacimento del pubblico, rimanesse in piedi per tutto il tempo alla vista di ognuno. Ebbene, in quella situazione, egli, non solo non si vergognò, non si difese e non si sdegnò, bensì rise di gusto insieme agli astanti, si divertì come tutti pur ridendo di se stesso e, così facendo, sgonfiò gli argomenti del commediografo e si accattivò le simpatie dei presenti. Spesso, difatti, noi siamo disposti a graziare e giustificare chi ammette i propri limiti ed è capace di riderne, mentre invece facciamo passare dalla parte del torto chi si ostina in accuse pertinaci ed in prediche cieche, anche nel caso in cui tali attacchi abbiano un serio presupposto. L'ironia, o meglio l'autoironia, di Socrate non fa altro che questo, rivela a tutti cioè la profonda ipocrisia che permea il sarcasmo: questo si basa infatti sulla convinzione che una scortesia e una cattiveria, fatte ad

---

[92] ARISTOFANE, *Le Commedie*, I, UTET, Torino 1983, cit. da L. CANFORA, op. cit., vol. II, pp. 259-265.

una persona maleducata o crudele, smettono per questo di essere ciò che sono, ovvero sempre una scortesia ed una cattiveria. Questo appena descritto è certamente il vero pericolo del sarcasmo e da qui derivano tutti gli altri aspetti negativi quali la sicumera, la mordacità, l'aggressività verso cui propende tale atteggiamento e di cui abbiamo parlato.

Rimane comunque vero allora che l'ironia deve pur sempre ammonire e riportare sulla retta via ipocrisie, menzogne, pomposità, fanatismi, vizi e certezze che si autoimpongono, ma è necessario anche ricordarsi che, per fare ciò nel migliore dei modi, l'ironia deve mantenersi nell'ambito del rispetto. Se ciò non avviene i rischi sono quelli cui porta il sarcasmo.

Una volta definito tutto questo, rimane da difendere tuttavia anche una vena sarcastica all'interno della benevolenza dell'ironia: infatti è innegabile la constatazione che alcune persone o alcune situazioni richiedono un'astuzia impertinente e una vaga ostilità tipiche del sarcasmo. Si pensi a come sia difficile convincere certe persone della loro maleducazione e dei loro difetti in generale; in alcuni casi, effettivamente, solo uno schiaffo metaforico può essere utile a rimproverare e a far ravvedere chi assume atteggiamenti censurabili.

Per concludere lasceremo che ciascuno rifletta sulla seguente situazione e giudichi quanto, in questa, vi sia di ironico e di sarcastico, nonché se sarebbe stata auspicabile maggiore cortesia o persino maggiore sfacciataggine:

> Una volta una donna molto avida quanto ricca diede al suo portalettere venticinque centesimi di mancia per capodanno e, la mattina seguente, si ritrovò quella somma di denaro in una busta nella cassetta delle lettere, con un bigliettino sul quale il postino aveva scritto: "Non mi basta il cuore di derubarla, gentile signora!".

Costei, per tutta risposta, avendo conoscenze al Ministero delle Poste, inoltrò un reclamo contro "quell'individuo" avido e impertinente.[93]

L'umorismo

L'umorismo è descritto come un'ironia che, in un primo momento, fa sorridere per la sua arguzia, ma poi invoglia ad una amara meditazione sulle debolezze e sui vizi degli uomini[94].

Il più grande esempio di umorismo lo si trova, per consenso della storia, nel famosissimo personaggio letterario Don Chisciotte: della goffaggine e dell'ingenuità folle di questi, infatti, non è possibile non ridere:

> Occorre dunque sapere che nei momenti d'ozio (che costituivano la maggior parte dell'anno) si dedicava alla lettura dei libri di cavalleria [...] A tal punto si sprofondò in quella lettura, da consumarci notti e giorni interi, cosicché sia per il non dormire, sia per il troppo leggere, gli si seccò il cervello e finì col perdere la ragione [...] E a tal punto si convinse della veridicità di quelle fantasticherie, che pensava non potesse esserci nessuna storia al mondo più reale e più vera [...] In realtà, perso ormai completamente il senno, gli balenò la più strana idea che potesse venire ad un pazzo: gli parve, cioè, opportuno e necessario, sia per esaltare il proprio onore sia per il bene della patria, farsi cavaliere errante[95].

Questa è l'iniziale descrizione con cui il Cervantes comincia a raccontarci con divertimento leggero le inopinate

---

[93] HEINRICH BÖLL, op. cit.

[95] G. L. MESSINA, op. cit.

[94] M. DE CERVANTES, *Don Chisciotte della Mancia*, Orsa Maggiore, Catania 1994, pp. 40-41.

intenzioni di Don Chisciotte; ma è con il passaggio dalle fantasie al loro concretizzarsi, che il personaggio si rende sempre più ridicolo:

> Per prima cosa ripulì alcune armi, già appartenute ai suoi antenati, che erano ormai coperte di ruggine e di muffa, e da molti secoli giacevano abbandonate in un angolo. Le lucidò e le rimise in efficienza come meglio poté; ma si accorse che presentavano una grave lacuna: non c'era una celata con visiera, ma solo un semplice morione. A tale deficienza supplì il suo ingegno, poiché con dei cartoni costruì una mezza celata che, incastrata con il morione, aveva l'apparenza di una celata intera. Per provarne però la solidità e la resistenza ad un eventuale colpo di lancia, sfoderò la spada e le assestò due fendenti col primo dei quali, in un attimo, distrusse il suo lavoro di una settimana. Gli spiacque la facilità con cui l'aveva fatta a pezzi, e, per proteggersi da questo pericolo, la rifece da capo, mettendo nell'interno dei sostegni di ferro. In tal modo rimase soddisfatto della sua solidità e, senza voler ripetere la prova, la giudicò e considerò una finissima celata ad incastro.[96]

Spassosissimo e indimenticato è poi il breve episodio dell'attacco ai mulini a vento, ma le disastrose avventure di Don Chisciotte sono innumerevoli. Come suggerisce però anche l'analisi pirandelliana di questo romanzo, noi, di fronte a tali comiche vicende, a tutta prima siamo portati al riso, poiché di fatto questo povero hidalgo è quantomeno buffo; tuttavia, in un secondo momento, tra i lazzi si fa sempre più largo un senso di commiserazione che appesantisce e frena il nostro gaudio. Se infatti ci domandiamo perché ridiamo di Don Chisciotte, siamo costretti a rilevare che, in fondo egli non è che un "mite, di squisiti sentimenti, prodigo e non curante di sè,

[96] *Ibid.*, p. 41.

tutto per gli altri"[97] Egli è franco e generoso e tutti i suoi atti, almeno nelle intenzioni, sono meritevoli di esser elogiati. Ci accorgiamo insomma che non possiamo ridere del "cavaliere dalla triste figura", poiché egli, pur nella sua follia, è un uomo forse anche più generoso e coraggioso di ogni altro mortale; ciò di cui ridiamo, in realtà, è l'incapacità mostrata da Don Chisciotte di raggiungere e realizzare quella idealità cavalleresca, tanto encomiabile e nobile. Ecco che con tale riflessione l'umorismo svela la sua indole tragica e pessimistica, la quale consiste nella comprensione del fatto che, per l'umanità tutta, è impossibile raggiungere ed incarnare qualsivoglia ideale.

Perché mai, si domanda assai astutamente Pirandello, don Miguel Cervantes de Saavedra, che fu prode soldato, reduce da Lepanto e da Terceira, piuttosto che cantare epicamente, le gesta del Cid, i trionfi di Carlo V, o le stesse giornate di Lepanto o la spedizione alle Azzorre, potè concepire un tipo come il Cavaliere dalla Triste Figura e comporre un libro come il Don Chisciotte?[98] La risposta è semplice quanto af-

[97] L. PIRANDELLO, *L'Umorismo*, cit., p. 64.

[98] Cervantes (1547-1616), visse nell'epoca gloriosa dell'impero spagnolo e della lotta contro quello turco per la difesa della cristianità. Lo scrittore partecipò attivamente alla battaglia di Lepanto, riportando una ferita alla mano sinistra che gliela rese inservibile per tutta la vita. L'aver combattuto in quel memorabile scontro fu motivo di grande orgoglio per Cervantes che in varie occasioni ribadì l'onore di avervi partecipato. Di nuovo si trovò poi a combattere a Navarrino, Tunisi e alla Goletta; quindi, salpato per tornare in Spagna, la sua galera fu assalita e Cervantes fu condotto ad Algeri prigioniero dei turchi. Sopravvisse per cinque anni alla prigionia e alle torture, in attesa di ottenere la liberazione in cambio del pagamento di un riscatto. A trentacinque anni potè tornare in patria, dove, chiuso il periodo delle avventure eroiche, si trovò a lottare contro l'indigenza e l'indifferenza dei suoi compatrioti. Trasferitosi a Siviglia, per degli errori amministrativi venne arrestato; una volta liberato, non potendo realizzare il desiderio di partire per l'America, andò a vivere a Valladolid, dove, accusato ancora una volta ingiustamente di omicidio, venne arrestato e quindi rilasciato.

fliggente: Cervantes si accorse di quanto malaugurato fosse stato il suo eroismo. Tirò ad un punto le somme e constatò che, dopo aver combattuto, affrontato rischi e nemici di ogni sorta nutrendosi delle più alte e nobili idealità, ora si ritrovava privato di una mano, avendo sofferto cinque anni di schiavitù e guadagnate due archibugiate, ma, soprattutto, avendo dovuto assistere personalmente allo sbriciolarsi di quanto considerava assolutamente giusto e santo. Egli, che combattè e si sacrificò per la sua patria, fu infatti persino condannato ingiustamente al carcere per ben due volte; nonché, per ultimo, dovette subire l'abbandono della moglie.

Di fronte a tanto, Cervantes non potè non considerare la sua vita, e quella di ciascuno in generale, una follia, una lotta contro i mulini a vento; così si mise a ridere di tutti i suoi dolori, poiché ogni cosa si era rivelata flebile e misera come le qualità umane.

L'umorismo, allora, non è altro che la rappresentazione della disparità esistente fra il reale e l'ideale, come è dispari il confronto fra Don Chisciotte ed Orlando e come lo è anche quello fra don Abbondio e il Cardinale Federigo Borromeo. Ancora una volta si può dire che il Manzoni ci offre una figura che, al pari dell'eroe della Mancha, ci illustra come meglio non si potrebbe la sostanza dell'umorismo. Il riso che accompagna don Abbondio è lo stesso che ispira Don Chisciotte e nasce dalla riflessione sul fatto che l'ideale astratto raramente si incarna sulla terra. Come nota ancora Pirandello "se il Manzoni avesse ascoltato solamente la voce di quell'ideale astratto, avrebbe rappresentato don Abbondio in modo che tutti avrebbero dovuto provar per lui odio e disprezzo, ma egli ascolta entro di sè anche la voce delle debolezze umane"[99] perché nella vita ne ha saggiato la consistenza.

---

[99] L. PIRANDELLO, op. cit., p. 86.

C'è da dire, però, che questa sfiducia e tal pessimismo congeniti nell'umorismo, non possono che essere il frutto di una fortissima sensibilità e di una immutabile aspirazione verso l'ideale: solo chi è così pervaso e intimamente agitato dalla perfezione può infatti avvertire il contrasto umoristico di quella con la realtà mediocre. Non a caso i grandi umoristi sono anime assai sensibili come appunto Cervantes e Manzoni, ma anche Leopardi e Pirandello. L'umorista si rende conto del fatto che non esistono pulpiti da cui sia possibile far prediche, ed il suo sorridere è un gesto di rassegnazione; ogni polemica si scopre in fondo vana e le accuse che muoveva il sarcasmo con spavalderia si stemperano in burle, poiché è inutile ragionare in astratto quando poi il concreto si mostra come l'opposto ridicolo di quello.

La condizione dell'umorista è la perplessità e perplessa, disorientata e disincantata è senza dubbio questa nostra epoca che si vanta di aver sepolto Dio ed è stata punita con la visione del nulla; alla quale è approdata con la ragione scientifica e la tecnica. Anche l'arte si ritrova orfana di ideali da rappresentare, tanto da spostarsi verso la raffigurazione del quotidiano, come fece la pop-art americana, la quale assimilò l'arte ai modi e alle forme di tutti i giorni in una parodia ironica e tragica allo stesso tempo di una vita che ha perso di significato[100].

Non fa stupore perciò il fatto che, se si considera ogni cosa come vacua e futile, al risolino compassionevole non potrà seguire altro che il silenzio: l'umorismo è l'ultima riflessione, dopodiché tutto è impossibile ed insensato. Se il senso dell'assurdo prevale, si perdono tutti i significati tranne uno, cioè quello faceto: ogni gesto ed ogni parola non vale più nulla se non per il suo stesso esser

[100] Sarebbe interessante indagare sulla diffusione nell'arte moderna, rispetto al passato, delle opere "senza titolo".

vana e incomprensibile, per cui, se non ce ne burliamo, possiamo solo disperarci nella tragedia. E' questo lo sfacelo espresso con umorismo macabro da Samuel Beckett nella commedia *Aspettando Godot*:

> Vladimiro: Allora che si fa?
> Estragone: Non facciamo niente. E' più prudente.
> Vladimiro: Sentiamo prima cosa ci dirà.
> Estragone: Chi?
> Vladimiro: Godot.
> Estragone: Giusto.
> Vladimiro: Aspettiamo di sapere come stanno le cose.
> Estragone: D'altra parte, sarebbe forse meglio battere il ferro mentre è caldo.
> Vladimiro: Sono curioso di sapere cosa ci dirà. In ogni modo, mica l'abbiamo sposato.
> Estragone: Cos'è più che gli abbiamo chiesto esattamente?
> Vladimiro: Ma non c'eri anche tu?
> Estragone: Non stavo attento.
> Vladimiro: Be'...ecco...niente di preciso.
> Estragone: Una specie di preghiera.
> Vladimiro: Ecco.
> Estragone: Una vaga supplica.
> Vladimiro: Press'a poco.
> Estragone: E lui, che cosa ha risposto?
> Vladimiro: Che si sarebbe visto.
> Estragone: Che non poteva promettere nulla.
> Vladimiro: Che doveva pensarci su.
> Estragone: A mente riposata.
> Vladimiro: Consultarsi con la famiglia.
> Estragone: Coi suoi amici.
> Vladimiro: I suoi agenti.
> Estragone: I suoi corrispondenti.
> Vladimiro: I suoi registri.
> Estragone: Il suo conto in banca.
> Vladimiro: Prima di pronunziarsi.
> Estragone: E' naturale.

Vladimiro: Vero?
Estragone: A me pare.
Vladimiro: Anche a me. (Lunga pausa).
Estragone: (Inquieto). E noi?[101]

In questa commedia, che è il testo esemplare del teatro dell'assurdo, i due mendicanti Vladimiro ed Estragone attendono un certo Godot, del quale non si sa neppure se esista, e, nel frattempo, conversano tra loro, ma il dialogo è un ridicolo scambiarsi parole, mozziconi di frasi e soliloqui disperati che testimoniano solamente l'impossibilità della comunicazione e l'inutilità della speranza.

Per Pirandello, la riduzione ad unità dell'incoerenza della vita che l'arte pretende di produrre, sarebbe solo una illusione; l'umorismo spezzerebbe invece questo sogno registrando la varia e multiforme pressione della realtà. L'arte sarebbe un'illusione che si fonda sul sentimento mentre l'umorismo sarebbe lo smascheramento di tale felicità tramite onesta riflessione. Pirandello chiama l'umorismo arte pensante che, in quanto illuminata dalla ragione, fa piazza pulita di ogni appiglio svelando la realtà dissonante del mondo. In pratica, dietro alla comicità profonda della vita, l'investigazione dell'umorismo non scorge altro che l'assurdità e il nulla.

A questo punto però, pare a noi di aver individuata la pietra di inciampo e il punto dolente dell'umorismo: questo è triste perché è eccessivamente razionale e alla ragione troppo si affida, basando su di quella anche i sentimenti. L'umorismo crede di dover giudicare la comicità della vita e crede che sia necessario scavarne il senso tramite la ragione e non si avvede perciò del segreto che è chiaro all'ironia: questa infatti percepisce, irrazionalmente

[101] S. Beckett, *Aspettando Godot*, cit. da S. Guglielmino, *Civiltà letterarie straniere*, Zanichelli, Bologna 1976, pp. 508-509.

quanto chiaramente, come sia assolutamente eccezionale, stupendo, strabiliante e simpatico, il fatto che il reale non sarà mai in grado di ricalcare l'ideale.

L'ironia si accorge che, quello che per la ragione umana è un contrasto irriducibile e tragico, potrebbe invece costituire il mistero della vita così come la conosciamo e spiegarne l'essenza.

L'ironia

Si è voluto in questo capitolo, come abbiamo visto, accostare la qualità ironica alla pratica del dialogo, presumendo che, per la buona riuscita di quest'ultimo, l'ironia fosse appunto un elemento necessario e irrinunciabile. Nei paragrafi precedenti però si è venuta delineando una distinzione dell'ironia in tre diverse forme che abbiamo chiamate sarcasmo, umorismo ed ironia. Ora, avendo analizzate le prime due di queste distinte manifestazioni dell'ironia, ci è apparso chiaro che i tipi di relazione che esse permettono di instaurare col prossimo, sembrano assai sfavorevoli al raggiungimento di un buon dialogo: in effetti, come avveniva per Socrate e Shaftesbury, la vera ironia dovrebbe avere tutt'altra anima e assai diversa presenza, sia rispetto al sarcasmo, sia rispetto all'umorismo così come sono stati sopra delineati.

Alla luce perciò dei risultati che si sono visti ottenere dalla comunicazione improntata al sarcasmo e da quella umoristica, si potrbbe ora dire che l'ironia autentica (e il suo modo di costituire una relazione) non ha alcunchè da spartire con quelle forme estreme. Tuttavia questa separazione netta non è accettabile e occorre sin da subito ammettere il fatto che l'ironia, nel senso socratico che gli abbiamo attribuito, mantiene sempre in sè venature sarcastiche ed umoristiche, poichè questi due atteggiamenti sono insiti nello spirito ironico, anche se spesso lo deformano. Anzi si può far notare che, proprio perchè l'ironia è capace sia di far da pungolo, sia di far opera di smorzamento a seconda che lo richiedano i casi, appunto in virtù di questa qualità, è adatta al dialogo in quanto può perfettamente moderarlo.

Il grande merito dell'ironia sta proprio nella sua capacità di mantenere vivo il dialogo senza appiattirlo o infuocarlo. Come dimostra lo studio di Marina Mizzau, l'ironia sa fare da modalizzatore del discorso: è in grado infatti di attenuare gli effetti di qualsiasi rimprovero o di ammorbidire il carattere autoritario di un ordine, ma riesce anche a rimediare un errore, a farsi perdonare una gaffe, nonchè può togliere solennità a comportamenti altrimenti eccessivamente seri o imbarazzanti per l'alto coinvolgimento ("ad esempio si può adottare il tono ironico nell'atto di complimentarsi con qualcuno, nel fare una promessa, o anche nel proferire una dichiarazione d'amore"[102]).

Di certo vi sarà, ora, chi affermerà che nel costruire e sviluppare una bella e proficua discussione non è per nulla necessaria una disposizione ironica: si può lasciar perdere ogni comicità o ambiguità di qualunque tipo e conversare con misura e serietà. Anzi, a voler essere chiari, in molti vorranno precisare che in fondo, se il dialogo è una cosa seria, occorre che sia praticato con gravità, tenendo conto anche del fatto che vi sono argomenti sui quali non è proprio possibile scherzare.

Ebbene passeremo ora ad analizzare un dialogo sin troppo serio e vedremo come la presenza di un poco di ironia avrebbe potuto essere utile; il colloquio che prenderemo in considerazione è quello del celeberrimo incontro tra il cardinale Federigo Borromeo e don Abbondio, descritto

---

[102] M. MIZZAU, op. cit., p. 83.

nel romanzo del Manzoni *I Promessi Sposi*. Non c'è dubbio che l'occasione della discussione sia dovuta a faccende serie: il curato è venuto meno ai suoi doveri davanti a Dio e davanti agli uomini, si è comportato da vigliacco e ha causato con la sua ignavia disgrazie e mali ancor peggiori, perciò il cardinale ha tutte le ragioni per rimproverarlo seccamente. Tuttavia dobbiamo constatare come Federigo, con tutto il suo dire, non ottenga nessuna ammissione di colpa e non susciti alcun pentimento in don Abbondio. Il guaio è che il Borromeo, nell'esprimere la sua parte, trascura di ascoltare gli argomenti di don Abbondio e lo stesso fa anche il curato. Il rimprovero del cardinale è sacrosanto, ma egli non pensa ad attenuarne la severità, così che costringe quasi don Abbondio a mettersi sulla difensiva; tanto più che costui sa benissimo di aver sbagliato, ma crede di avere a sua giustificazione buoni motivi.

Ecco come Manzoni fa iniziare il dialogo:

> Terminate le funzioni, don Abbondio [...] fu chiamato dal cardinale. Andò subito dal grnd'ospite, il quale, lasciatolo venir vicino, "signor curato," cominciò; e quelle parole furon dette in maniera, da dover capire, ch'erano il principio di un discorso lungo e serio: "signor curato; perchè non avete voi unita in matrimonio quella povera Lucia col suo promesso sposo?".[103]

Come risposta il curato farfuglia appena qualche vaga giustificazione, ma il Borromeo lo incalza:

> "Domando," riprese il cardinale, "se è vero che, prima di tutti codesti casi, abbiate rifiutato di celebrare il matrimonio, quando n'eravate richiesto, nel giorno fissato; e il perchè."[104]

---

[103] A. MANZONI, *I Promessi Sposi*, cit., pp. 402-403.

[104] *Ibid.*, p. 403.

Il cardinale è così fermo nella sua autorità e così deciso e solenne, che anche quando sembra volersi avvicinare al curato (*"Dite: io non vorrei altro che trovarvi senza colpa"*[105]), in realtà intimorisce ancor più il poveretto, il quale, conoscendo benissimo le sue debolezze, deve oltretutto sostenere il confronto con una immagine perfetta che il cardinale propone del sacerdozio.

Quando don Abbondio prova a chiarire:

> "Ma forse non mi sono spiegato abbastanza, [...] sotto pena della vita, m'hanno intimato di non far quel matrimonio."[106]

il cardinale esplode la sua reprimenda:

> "E quando vi siete presentato alla Chiesa, [...] per addossarvi codesto ministero, v'ha essa fatto sicurtà della vita? V'ha detto che i doveri annessi al ministero fossero liberi da ogni ostacolo, immuni da ogni pericolo? O v'ha detto forse che dove cominciasse il pericolo, ivi cesserebbe il dovere? O non v'ha espressamente detto il contrario? Non v'ha avvertito che vi mandava come un agnello tra i lupi? [...] Quello da Cui abbiam la dottrina e l'esempio, ad imitazione di Cui ci lasciam nominare e ci nominiam pastori, venendo in terra a esercitarne l'ufizio, mise forse per condizione d'aver salva la vita?"[107].

Il tutto si svolge con tale austerità e pesantezza che è il Manzoni stesso, ad un certo punto, a far volger verso maggior equilibrio la narrazione, introducendo dapprima una considerazione interpretabile ironicamente: "Don

---

[105] *Ibid.*

[106] *Ibid.*.

[107] *Ibid.*, pp. 403-404.

Abbondio stava a capo basso: il suo spirito si trovava tra quegli argomenti, come un pulcino tra gli artigli di un falco."[108] Quindi si sbilancia esprimendo un'opinione scopertamente ironica:

> Don Abbondio... restò lì senza articolar parola. E, per dir la verità, anche noi, con questo manoscritto davanti, con una penna in mano, non avendo da contratare che con le frasi, nè altro da temere che le critiche de' nostri lettori; anche noi, dico, sentiamo una certa ripugnanza a proseguire: troviamo un non so che di strano in questo mettere in campo, con così poca fatica, tanti bei precetti di fortezza e di carità, di premura operosa per gli altri, di sacrifizio illimitato di sè. Ma pensando che quelle cose eran dette da uno che poi le faceva, tiriamo avanti con coraggio.[109]

Ciò che si vuol dimostrare è che, se il Borromeo avesse provato a smorzare i toni, pur rammentando il suo dovere di esser d'esempio e di guida per gli uomini, forse avrebbe raggiunto meglio il suo scopo di far ravvedere il curato. Non solo, anche don Abbondio, se avesse saputo riconoscere con ironia la sua codardia, avrebbe potuto cogliere l'importanza degli argomenti che gli erano stati portati e farne tesoro per il futuro.

Il cardinale sembra invitare alla discussione don Abbondio, per esaminare a fondo la situazione; in realtà i suoi inviti al confronto, non intendono sentire le ragioni del curato, bensì attendono solo di cogliere questo in fallo per esporgli le sue mancanze e rinfacciargli la verità riguardo ai suoi compiti di uomo di Chiesa. La discussione invece di aprirsi finisce col chiudersi, non facendo altro il cardinale che rimproverare don Abbondio, mentre que-

---

[108] *Ibid.*

[109] *Ibid.*, p. 407.

st'ultimo a nulla riesce a pensare se non al difendersi. In realtà tra i due non c'è dialogo vero e proprio, c'è uno scontro tra due sistemi che si urtano senza cercare di comprendersi; come dice il critico Angelandrea Zottoli, il dialogo ci sarebbe solo se il cardinale entrasse nel sistema di don Abbondio per dimostrarlo inaccettabile, ma egli non ci pensa e non scende al livello del curato ma cerca al contrario di elevare quello al suo. "Mentre il cardinale parla, il sistema di don Abbondio, intatto perchè non penetrato nè discusso, continua a funzionare in silenzio".[110] Ogni domanda del Borromeo ha già in mente la risposta, per cui nessuna battuta di don Abbondio potrebbe evitare a questi il previsto ammonimento. Perciò il dialogo termina così come è cominciato, cioè con Federigo Borromeo sbandierante la sua verità, e con don Abbondio stretto nei suoi problemi. Ciò che non considera il cardinale è il fatto che la verità e la giustizia non si possono, per una strana ironia della sorte umana, mostrare, per cui farne partecipi gli altri, anche quando ne siamo assolutamente certi ed assorbiti, è incontestabilmente problematico. Come convincere e "redimere" don Abbondio? Questo dovrebbe essere il quesito per Federigo, ma egli non vi pensa: crede sia sufficiente richiamare le verità per lui tanto evidenti. Per esser chiari dunque, noi ammetteremo che la verità non è una signorina che possiamo portare sottobraccio e, all'occorrenza, presentare a chi incontriamo lungo la strada.

Si può forse affermare, allora, che la capacità di ironizzare non produce guasti in una interazione discorsiva, anzi, al contrario, può essere per questa una ottima base. Per avvalorare quanto detto, si proporrà ora un esempio, di nuovo tratto dal romanzo manzoniano *I Promessi Sposi*, opera che può dirsi a buon titolo un manuale di immagini

[110] A. Zottoli, *Il sistema di don Abbondio*, Laterza, Bari 1933, p. 119.

ironiche secondo tutti gli aspetti che possono dirsi propri della figura retorica in questione.

Si trovano nella narrazione manzoniana due dialoghi che possono illustrare sufficientemente bene la capacità dell'ironia di essere convincente, proficua e buona equilibratrice delle opinioni all'interno di un contesto di discussione. In tutti e due gli esempi ci troviamo di fronte agli stessi personaggi, ovvero abbiamo Renzo che parla con suo cugino Bortolo.

Nel primo dialogo Renzo, ostinato come sempre, si rifiuta di subire l'appellativo di "baggiano"[111] che i bergamaschi usano affibbiare a chi viene dalla zona del milanese come lui; Bortolo, che vive in quei luoghi da tempo, lo avvisa subito di quella abitudine:

> "Prima di tutto, bisogna che t'avverta. Sai come ci chiamano in questo paese, noi altri dello stato di Milano?"[112]

quindi, dalle risposte di Renzo, capisce che quello che lui non considerava come un oltraggio, bensì come uno dei tanti costumi degli uomini, non sarà tanto facile da far accettare al combattivo cugino:

> "Come ci chiamano?"
> "Ci chiaman baggiani."
> "Non è un bel nome."
> "Tant'è: chi è nato nel milanese, e vuol vivere nel bergamasco, bisogna prenderselo in santa pace. Per questa gente, dar del baggiano a un milanese, è come dar dell'illustrissimo a un cavaliere."
> "Lo diranno, m'immagino, a chi se lo vorrà lasciar dire."[113]

---

[111] Semplicione, sciocco nel dialetto lombardo.

[112] A. Manzoni, op. cit., p. 287.

[113] *Ibid.*

In tale frangente rispunta l'aria di "braveria" di Renzo, ma il buon senso di Bortolo non si scoraggia, così che, immaginando le difficoltà e il carattere del cugino, si pone sul suo stesso piano e ne accetta gli argomenti di rivalsa, per praticarne poi, all'improvviso un capovolgimento ironico:

> "Figliolo mio, se tu non sei disposto a succiarti del baggiano a tutto pasto, non far conto di poter viver qui. Bisognerebbe esser sempre col coltello in mano: e quando, supponiamo, tu n'avessi ammazzati due, tre, quattro, verrebbe poi quello che ammazzerebbe te: e allora, che bel gusto di comparire al tribunal di Dio, con tre o quattro omicidi sull'anima!"[114]

Così facendo, Bortolo colpisce la fantasia e il cuore di Renzo, riuscendo a convincerlo ad ingoiare quell'epiteto che proprio non voleva mandar giù. La saggezza e il buon senso di Bortolo sembrano invece essere mancati al cardinale Federigo Borromeo, e per questo egli non riesce a persuadere don Abbondio.

La sagacia e l'ingenua malizia del cugino Bortolo, ritornano poi anche in un altro breve episodio, cioè quando Renzo pensa di arruolarsi presso la repubblica veneta nella speranza di poter entrare in tal modo nel territorio milanese. In questa occasione lo stesso Manzoni si permette un commento ironico scortese, dicendo di Renzo che "gli era saltato il grillo di farsi soldato"[115], ma subito fa sistemare ogni cosa dal bravo Bortolo il quale, al contrario del Manzoni, non denigra e non umilia il cugino, bensì con buona maniera riesce a smontarlo da quella risoluzione.

Innanzitutto egli prova a chiarire meglio a Renzo la situazione ("..*lo stato di Milano non è un boccone da ingoiarsi*

[114] *Ibid.*

[115] *Ibid.*, p. 527.

così facilmente.."[116]),dopodichè, pur manifestandogli la follia dell'idea di arruolarsi, gli fa capire che comprende comunque il senso di quei progetti e che gli è vicino ("*Vedo cosa vuoi dire*"[117]), infine disarma con l'ironia ogni residua ostinazione di Renzo ("*se è destinato lassù che la cosa riesca, sta sicuro che, a non far pazzie, riuscirà ancor meglio*"[118]). E' vero perciò che Renzo è cocciuto, ma, come tutti, se preso nella giusta maniera, anche lui è capace di ridere degli errori che ha commesso.

Il seguente episodio della vita di San Giovanni di Dio ci dimostrerà poi che l'ironia non è solo convincente ma può persino arrivare a redimere:

> Una delle donne, che aveva tolta dalla casa pubblica e fatta sposare, era tanto importuna ed impaziente, che per ogni cosa che le mancava andava subito a chiederla a lui, ed egli procurava di dargliela e accontentarla. E perciò essa vi andava molte volte. In una delle quali, trovò Giovanni di Dio avvolto in una coperta, perché, non avendo altro da dare, aveva dato il proprio abito.
> Egli le disse che non aveva che darle e tornasse perciò un altro giorno.
> Quella, impaziente, si adirò e cominciò ad ingiurarlo e a dirgli: «Uomo cattivo, santone ipocrita!»
> [...]
> Vedendola così, Giovanni le disse: «Prima o dopo io ti devo perdonare, perciò ti perdono subito».
> E ben portò frutto di vita questa sua pazienza, poiché, nel giorno dei suoi funerali, questa stessa donna andava insieme ad altre, da lui tolte dal mal vivere, e gridava per le vie, lamentandosi e dicendo molto male di sé e molto bene di Giovanni di Dio, confessando le proprie colpe e i propri pecca-

116 *Ibid.*
117 *Ibid.*
118 *Ibid.*

> ti, e dicendo che essa era stata molto cattiva e che, per il buon esempio di lui ed i suoi santi ammonimenti, era uscita dal peccato. E diceva altre cose che facevano piangere tutta la gente.
> Giovanni era così umile, che amava sempre dire e narrare le sue mancanze, e mai le sue buone azioni, né altro a propria lode, sviando sempre la conversazione e dirigendola in modo che tornasse a suo disprezzo ed umiliazione, e facendo sì che risultasse a edificazione del prossimo, fuggendo ogni vanagloria, quale tarlo velenoso della vita spirituale.[119]

A questo punto, però, rimangono due argomenti che l'ironia deve ancora affrontare per poter essere delineata come elemento caratterizzante un buon dialogo. Il primo riguarda la constatazione di molti, che vedono nell'ironia un "sistema comunicativo di élite, inadeguato ad un pubblico vasto, poichè, per esser compresa, richiede una triplice competenza (linguistica, retorica e ideologica)"[120]. Questa precisazione, a nostro avviso, costituisce un punto a favore della tesi che difendiamo. Infatti, è vero che il linguaggio doppio può costituire una barriera nei confronti di chi non è preparato ad intenderlo, ma, nello stesso tempo, produce un effetto unico di connivenza tra l'ironista e il suo destinatario predeterminato; in pratica si può dire che l'ironia non mira tanto ad escludere, quanto a creare soprattutto una complicità profonda, con chi si vuole coinvolgere in un tipo di relazione. L'ironia insomma, vuole stabilire un legame silenzioso il cui sbocco sia l'amicizia; e appunto l'amicizia è un rapporto speciale che possiamo mantenere con solo poche persone. Il gioco ironico è in realtà un gioco che tutti possono giocare, nessuno esclu-

[119] Francesco de Castro, *Storia della vita e sante opere di Giovanni di Dio*, Edizioni FBF, II, 1969, Milano.
[120] J. Cadeddu, *Bustina: istruzioni per l'uso*, in "L'Espresso", 28 Maggio 1998, pp. 100-105.

so, l'importante è saper scegliere il grado di difficoltà adeguato a chi vi deve partecipare, e la scelta corretta dipende dal grado di affiatamento e di conoscenze comuni che sono in campo.

L'ultima difficoltà infine che può produrre il gioco ironico all'interno di un dialogo, è data dalla possibilità che l'interlocutore rifiuti categoricamente questo modo di argomentare, sino a ritenersi personalmente offeso, a causa dell'atteggiamento ambiguo o leggero con cui si affrontano gli argomenti in questione. Un esempio assai chiaro, è quello che ci propone Popper:

> All'inizio dell'anno accademico 1946-47 ricevetti un invito dal Segretario del Moral Science Club di Cambridge perchè leggessi una conferenza su di una qualche "perplessità filosofica". Era chiaro, ovviamente, che si trattava di una formulazione di Wittgenstein, e che dietro ad essa c'era la tesi filosofica di Wittgenstein, secondo la quale in filosofia non esistono problemi autentici, ma soltanto perplessità linguistiche. Siccome questa tesi era fra quelle che più avversavo, decisi di parlare su "Ci sono problemi filosofici?". Cominciai la mia conferenza [...] esprimendo la mia sorpresa per essere stato invitato dal Segretario a tenere una conferenza "per formulare una qualche perplessità filosofica"; e rilevai che, negando implicitamente che esistono problemi filosofici, chiunque fosse stato a scrivere l'invito aveva preso posizione, forse senza volerlo, su una questione creata da un autentico problema filosofico. Va da sè che con questo intendevo solo introdurre il mio tema, in modo provocatorio e magari un po' frivolo. Ma proprio a questo punto Wittgenstein saltò su e disse, ad alta voce e, così mi parve, con rabbia: "Il Segretario ha fatto esattamente ciò che gli è stato detto di fare. Egli ha agito sotto mia istruzione". Io non ci feci caso, e continuai; ma accadde che almeno alcuni

> [...] presero la mia osservazione, intesa come uno scherzo, come un grave rimprovero al Segretario. [...] Comunque andai avanti, e dissi che se pensavo che non esistevano autentici problemi filosofici, non potevo certo essere un filosofo; e che il fatto che tanti, o forse tutti, adottano sconsideratamente soluzioni insostenibili per tanti, o forse tutti i problemi filosofici, bastava a giustificare il fatto di essere un filosofo. Wittgenstein saltò su un'altra volta, mi interrupe, e parlò a lungo sulle perplessità e i rompicapi e sulla non-esistenza dei problemi filosofici. Al momento in cui mi sembrò più opportuno fui io ad interromperlo, presentando un elenco da me preparato di problemi filosofici, come: Conosciamo delle cose attraverso i sensi? Otteniamo la nostra conoscenza per induzione? Wittgenstein li respinse, dicendo che erano problemi logici, piuttosto che filosofici. Posi allora il problema se esista l'infinito potenziale o forse anche quello attuale, un problema che egli respinse come matematico. [...] Ricordai quindi i problemi morali e il problema della validità delle norme morali. A questo punto Wittgenstein, il quale sedeva vicino al caminetto e giocava nervosamente con l'attizzatoio che talvolta usava come bacchetta da direttore d'orchestra per sottolineare le sue affermazioni, mi lanciò la sfida: "Dai un esempio di una regola morale!". Io replicai: "Non minacci i conferenzieri ospiti con gli attizzatoi". Dopo di che Wittgenstein, infuriato, gettò giù l'attizzatoio e se ne andò adirato dalla stanza, sbattendo dietro di sè la porta.[121]

Di fronte ad una reazione simile, non si può far altro che una cosa: è indubbio che, se colui al quale ci siamo rivolti, per quanto possa esser permaloso e suscettibile,

[121] K. R. Popper, *La ricerca non ha fine*, Armando, Roma 1976; 1978, pp. 126-127.

ha finito col risentirsi ed amareggiarsi a tal punto, la colpa non può essere che della nostra incapacità di regolare lo scherzo e di coinvolgervi adeguatamente l'interlocutore. Perciò sarà nostro compito scusarci e tentare di ricominciare. Tutto questo fu compreso da Popper, che così si espresse in conclusione:

> Mi dispiace veramente tanto. Riconosco di essere andato a Cambridge con la speranza di provocare Wittgenstein a difendere la tesi che non esistono problemi filosofici autentici, e di combatterlo in questo punto. Ma non mi era mai passato per la testa di farlo arrabbiare; e fu una sorpresa il dover constatare che egli era incapace di capire uno scherzo. Solo più tardi mi resi conto che forse egli capì veramente che io scherzavo e che fu proprio questo ad offenderlo.[122]

[122] *Ibidem*, p. 127.

“Ogni spirito profondo ha bisogno
di una maschera: ancor più, intorno a
ogni spirito profondo cresce in continuazione
una maschera, grazie all’interpretazione falsa,
cioè piatta, di ogni parola, di ogni passo,
di ogni segno di vita che lui esprime”

(Friedrich Nietzsche)

Capitolo 5

La maschera

La sincerità

Tra verità e sincerità esiste uno scarto e non di poco conto. La verità si definisce tradizionalmente come corrispondenza esatta tra i concetti di cui siamo in possesso e le cose cui questi si riferiscono. La verità altro non sarebbe che una parola, o meglio, come preferiscono Benveniste e Ricoeur, un enunciato che rimanda in maniera chiara ed univoca al reale extralinguistico, al quale si riferisce e che ha intenzione di predicare. La sincerità, invece, non riguarda il rapporto tra i discorsi e il mondo, bensì si rivolge a quelle che sono le intenzioni che ci spingono a prender parola. La sincerità è infatti conformità delle parole con l'intenzione di chi parla: in pratica, all'investigazione del rapporto tra pensiero e realtà, si sostituisce l'indagine della relazione tra pensiero ed espressione. La sincerità è dire ciò che si pensa, ma ancor più è esprimere ciò che si sente, senza preoccuparsi se ciò corrisponda alla realtà oppure no. Perciò possiamo dire che quella della verità è questione che investe i discorsi scientifici e metafisici, i quali vogliono spiegare il mondo, mentre la sincerità è problema che coinvolge gli stati d'animo di ciascuno e la loro manifestazione.

Per quanto riguarda la verità, allora, rimandiamo alla trattazione fatta nel secondo capitolo, mentre qui ci occuperemo di chiarire le modalità dell'essere sinceri.

Se le discipline che si occupano della verità sono la scienza e la metafisica, il significato della sincerità è indagato dalla morale. Ciò è facilmente spiegabile rammentando come storicamente la coscienza comune, l'etica, la teologia e la buona educazione hanno sempre considerato l'essere sinceri come un atto assolutamente giusto, buono sempre e comunque e perciò doveroso (tranne alcune eccezioni).

Secondo il *Catechismo della Chiesa Cattolica* la sincerità, detta anche franchezza o veracità, è una virtù, la quale "consiste nel mostrarsi veri nei propri atti e nell'affermare il vero nelle proprie parole, rifuggendo dalla doppiezza, dalla simulazione e dall'ipocrisia" così come anche dall'ironia, che, al pari della iattanza o millanteria "costituisce una colpa contro la verità"[123]. Senza tale virtù allora, ribadisce il testo del *Catechismo*, "sarebbe impossibile la convivenza umana"[124].

La sincerità, ovvero la traparenza d'animo, sarebbe cosa doverosa in quanto costitutiva del rapporto sociale: secondo il cristianesimo, ma anche secondo quella che può dirsi una morale universale laica, nella menzogna sono inconcepibili la fratellanza, l'uguaglianza, la giustizia e la felicità; insomma, perchè vi sia ordine e rettitudine, sembra essere obbligatoria la sincerità. L'essere sinceri e l'essere onesti vengono ad identificarsi.

Il problema però dell'esser veritieri, franchi e quindi onesti e giusti, risiede nel fatto che ciò che va sinceramente espresso sono le esperienze, gli stati d'animo personali, i quali, essendo sempre singolari e cangianti per

[123] *Catechismo della Chiesa cattolica*, cit., nn. 2468 e 2481, pp. 450-452.
[124] *Ibid.*, n. 2649, p. 450.

qualità ed intensità, richiedono anche un uso originale e continuamente nuovo del linguaggio. Per essere completamente sincero e autentico l'uomo è costretto a riappriopriarsi di continuo di un linguaggio troppo generico e limitato per riuscire a manifestare la varietà di ciò che egli, in maniera sempre nuova, è, conosce, crede o sente. Se la verità continua a cercare l'unico modo di dire l'essere, la sincerità si deve invece arrendere al fatto che l'esistere, il vivere si dispiega in infinite espressioni: la vita ha per ognuno un sapore diverso e, anche per lo stesso soggetto, parole, azioni e pensieri cambiano costantemente di significato emotivo. Così un giorno sentiamo di provare amore e il giorno dopo coviamo odio, quindi, ancora a distanza di tempo, ritorniamo ad amare ma in modo diverso.

E' giocoforza allora, che la sincerità finisca col nascondersi nelle sfumature, poichè dicendo semplicemente di provare amore, paura, odio, felicità, soddisfazione, stima o quant'altro, siamo in realtà talmente generici che non diciamo quasi nulla e, di certo, non siamo molto sinceri e trasparenti. Perciò il discorso sui nostri sentimenti è costretto a diventare un discorso poetico: un discorso che gioca con la capacità di significare del linguaggio, ossia ne sospende la referenza per poter combinare meglio parole che, se rimanessero ancorate rigidamente a ciò cui si riferiscono, non potrebbero mai essere accostate. Così, ed è solo un modesto esempio, Catullo poteva dire:

> Odio e amo.
> Come sia non so dire.
> Ma tu mi vedi qui crocifisso
> Al mio odio e al mio amore.[125]

---

[125] CATULLO, *Carme 85*, trad. G. Ceronetti, da N. FLOCCHINI-P.G. BACCI, *Il libro degli autori. Antologia di scrittori latini*, Bompiani, Milano 1989, p. 525.

E solo così, cioè dicendo ciò che secondo il senso letterale non potrebbe essere detto, il poeta latino riusciva ad essere in qualche modo sincero; accostando due termini contraddittori, e secondo logica l'uno escudente l'altro, Catullo è in grado, come tutti i poeti e tutti gli artisti, di esprimersi più chiaramente, pur dicendo qualcosa di letteralmente insensato.

Per essere sinceri, insmma, è necessario accostare campi semantici che nella realtà non possono essere avvicinati e creare così sfumature di significato, che siano in grado di raccontarci meglio. Non abbiamo la parola o l'enunciato giusto per dire chi siamo, perciò dobbiamo ripiegare e dirci tramite metafore; così dunque si racconta, ad esempio Hermann Hesse:

> Sono una stella del firmamento
> che osserva il mondo, disprezza il mondo
> e si consuma nella propria luce.
>
> Sono il mare che di notte si infuria,
> il mare che si lamenta, pesante di vittime
> che ad antichi peccati, nuovi ne accumula.
>
> Sono bandito dal vostro mondo
> cresciuto nell'orgoglio e dall'orgoglio tradito,
> sono il re senza terra.
>
> Sono la passione muta
> in casa senza camino, in guerra senza spada
> e ammalato sono della mia propria forza[126].

Tutta l'arte, forse, è spiegabile come una metafora: non possiamo dire chi "siamo", perciò ci leviamo di impaccio nella maniera di Hesse e cominciamo a raccontarci in più modi (una stella, il mare, una passione muta) e questo si-

---

[126] H. HESSE, *Poesie d'amore*, Newton Compton, Roma 1989, p. 41.

gnifica definirsi attraverso metafora, la quale consiste nel dire di essere-come qualcosaltro. Un'altra strofa, questa volta rubata ad Ungaretti, sarà ancora più illustrativa:

> ...
> Sono come
> la misera barca
> e come l'oceano libidinoso[127]

Per essere veramente sinceri occorre raccontarsi-come, è necessario riappropriarsi del linguaggio in maniera poetica per trovare e creare i significati che più sembrano manifestare i nostri stati d'animo; perciò si può dire che gli "esseri" più sinceri sono i poeti, ovvero coloro che, tramite le metafore più ardite, si raccontano meglio. In questa forma di sincerità che è il linguaggio poetico, tuttavia, emerge un paradosso, sottolineato bene da Paul Ricoeur: "essere-come significa essere e non essere"[128]. Questa affermazione è facilmente spiegabile se riprendiamo i versi di Ungaretti: egli dice di essere "come una barca", ma ciò non significa, ovviamente, che egli è una barca, bensì che è simile, si trova in una condizione equiparabile a quella della barca, possiede qualcosa che lo avvicina alla barca, ma non si identifica interamente con questa. Ecco che allora si può dire che Ungaretti è e insieme non è una barca, cioè è-come una barca.

A questo punto, possiamo concludere che, quando affermiamo di amare, odiare, temere ed altro, non siamo sinceri perchè troppo generici, ma, anche allorchè dicessimo di amare come Zeus o di odiare come il tifone, ci sforzeremmo di più per essere sinceri, ma non ci riusciremmo comunque pienamente, dato che non raggiungia-

---

[127] G. Ungaretti, *Vita d'un uomo. Tutte le poesie*, Arnoldo Mondadori, Milano 1969, p. 52.

[128] P. Ricoeur, *La metafora viva*, Jaca Book, Milano 1981, p. 406.

mo la corrispondenza perfetta tra le nostre intenzioni e sentimenti e ciò che diciamo. I nostri tentativi di essere sinceri sono perciò intrinsecamente ironici, poichè finiamo sempre col dire cosa diversa da ciò che vogliamo intendere, e ciò è appunto ironia. Si può allora descrivere, con le parole di Paul Ricoeur, lo sforzo verso la sincerità, come "lo sforzo di espressione di un locutore il quale, volendo dire una nuova esperienza, cerca nella rete già costituita dei significati un portatore adeguato della sua intenzione. E' allora la stessa instabilità del significato che consente all'intenzione semantica di trovare la strada della sua enunciazione", tuttavia il significato di questa enunciazione particolare risulterà essere "non tanto un determinato contenuto, che bisogna prendere o lasciare, quanto piuttosto [...] come un principio induttore"[129].

Ecco allora che la pretesa di essere schietti, autentici, genuini si rivela piuttosto ingenua: l'uomo deve sì rifuggire la menzogna, ma non può rinnegare il fatto di essere ontogeneticamente mascherato, altrimenti ricade nella menzogna, credendo di essere nudo, quando è sempre in quache modo coperto.

Solo adesso, richiamando ancora una volta i due personaggi del già citato racconto di Chesterton, possiamo comprendere come avesse ottime ragioni il signor Syme per rifiutarsi di credere alle parole del signor Gregory; quest'ultimo infatti si ostinava ad affermare seriamente di essere un anarchico:

> — Non crede duque, — disse con voce minacciosa,— ch'io sia un anarchico sul serio?
> — Scusi? — fece Syme.
> — Ch'io sia un anarchico sul serio? — urlò Gregory stringendo i pugni.

[129] *Ibid.*, pp. 394-395.

— Ma caro amico! — mormorò Syme; e si avviò lentamente per andarsene.
Con sorpresa, ma con uno strano piacere, si trovò ancora accanto Rosamond Gregory.
— Signor Syme, — diss'ella,— la gente che parla come lei e come mio fratello crede davvero a quello che dice? Lei crede a quello che ha detto or ora?
Syme sorrise.
— E lei? — chiese.
— Che intende dire? — replicò la ragazza guardandolo con due occhi seri seri.
—Mia cara signorina Gregory, — disse Syme gentilmente,— ci sono molte specie di sincerità e d'insincerità. Quando lei dice: "Grazie", perchè le hanno passato il sale, crede a quello che dice? No [...] Orbene, qualche volta un uomo come suo fratello scopre una cosa in cui crede davvero. Può essere una mezza verità, un quarto di verità, un decimo di verità: ma lui dice più di quello che crede...
[...] — E' un anarchico per davvero allora?
— Solo in quel senso che le ho detto, — replicò Syme;— o, se preferisce, in quel nonsenso.[130]

Quando Gregory dice di essere un anarchico, vuol far intendere di più che essere-come un anarchico, e quindi di esserlo e non esserlo: vuol esprimere il fatto di essere profondamente, seriamente un anarchico, ma, proprio per questo voler dire di più, finisce col mentire di più.

La maschera

Ci sono teorie estetiche che attribuiscono al linguaggio poetico e all'arte la capacità di dire la verità, ovvero di cogliere l'essere in maniera pura e di rivelarlo in modo

[130] G.K. Chesterton, *L'uomo che fu Giovedì*, cit., pp. 19-20.

neutro. Così, spesso, poeti ed artisti si sono vantati di essere in grado di capire il mondo meglio di scienziati, filosofi e teologi. Di contro, vi sono teorie estetiche, opposte a quelle suddette, che vedono nell'espressione artistica una semplice falsità, una menzogna suggestiva che nulla dice riguardo alla realtà e al mondo. È quanto sosteneva Gottlob Frege quando spiegava come il nome proprio "Ulisse" fosse senza denotazione[131], e quanto teorizzava anche Roman Jakobson allorchè asseriva che la funzione del linguaggio poetico consisteva semplicemente nel dare risalto al messaggio per se stesso, così che la funzione poetica del linguaggio veniva ad opporsi a quella referenziale.

Nel precedente paragrafo, abbiamo allontanato la poesia sia dalla verità che dalla menzogna, e le abbiamo assegnato la caratteristica della sincerità, la quale poco si preoccupa, come abbiamo visto, della realtà e dell'essere: in fondo, crediamo, l'arte, prima ancora che una descrizione oggettiva del mondo, costituisce una visione personale di questo e quindi altro non è che un sentimento del nostro essere nel mondo. Per cui i poeti, mentre si raccontano, manifestano un mondo che è il loro mondo. Il linguaggio della poesia, dunque, è l'espressione della sincerità, ovvero dei sentimenti umani e,precisamente, è quel linguaggio che, per raggiungere la veracità, sceglie la strada dell'espressione metaforica, evitando il percorso più facile dell'utilizzo di termini troppo generici o frusti. Tuttavia si è anche sottolineato come il linguaggio poetico-metaforico sia un gioco di finzioni e di menzogne, che comunque permette maggiore sincerità rispetto al linguaggio cosiddetto letterale. Emerge allora il paradosso che vede i poeti raggiungere, grazie alla loro capacità di "fingere", il maggior grado di sincerità possibile all'uomo.

---

[131] Cfr. P. Ricoeur, op. cit., p. 291.

Dicendo che il linguaggio che si poggia sulla finzione è fra tutti quello più sincero, arriviamo anche a dire che, coloro che credono che per essere sinceri sia sufficiente dire la verità, non esprimono una semplice tautologia, piuttosto compiono un banale errore: per essere sinceri occorre ammettere che diciamo falsità, o meglio, che il nostro parlare è sempre impreciso. Chi non ammette la distanza tra ciò che dice e ciò che sente, non è più poeta e non è più sincero. In realtà tutti, prima o poi, crediamo di aver trovata l'espressione giusta, la parola esatta, e perciò sincera, per dire e manifestare i nostri stati d'animo; di questo ce ne rendiamo conto quando parole o situazioni sembrano evocare con tale chiarezza le nostre più intime emozioni, così che ci si sente scossi e trasportati sino alla commozione. Jan Cohen dice che la frase poetica è oggettivamente falsa, ma soggettivamente vera; a nostro avviso si sbaglia[132]. Questo perchè il poeta deve essere sempre al corrente della distanza forzata e incolmabile che esiste tra ciò che si pensa, esprime o fa e ciò che misteriosamente e intimamente si sente; motivo per cui crediamo di dover correggere Cohen dicendo che la frase poetica è oggettivamente falsa, ma soggettivamente prossima alla sincerità.

Per Cohen è possibile la conformità assoluta delle parole con l'intenzione di chi parla, ma evidentemente, almeno a nostro avviso, Cohen non è un poeta e non conosce l'irrequietezza di coloro che, pur avendo scritto versi profondissimi, continuano a cercare di esprimere altro, poichè sentono che c'è sempre dell'altro da significare. A riflettere bene, potremmo concedere a Cohen un titolo particolare: per quanto egli ha affermato, potrebbe essere definito come un tipo particolare di poeta, cioè un poeta Kitsch. Senza dannarci troppo a rincorrere l'essenza di

[132] Cfr. *Ibid.*, p. 300.

quel fenomeno assai discusso che prende il nome di Kitsch, noi vogliamo etichettare infatti come poeta Kitsch, colui che si identifica totalmente con ciò che dice e, nel momento in cui lo esprime, se ne compiace in maniera evidente. Kitsch sarebbero tutti quei poeti i quali si ritengono certi di aver trovato l'espressione, il verso, la metafora giusta per evocare emozioni, e sono perciò convinti che sia doveroso commuoversi di fronte a tale verità.

Abbiamo mostrato come la poesia, in quanto metafora, sia sempre una menzogna, una falsità che tenta di scavare e definire ciò che siamo; insomma un gesto di sincerità che ammette sicuramente di potersi avvicinare alla verità del nostro animo, ma anche di non poterla svelare totalmente. Ciò che è Kitsch, invece, non si comprende come falsità, anzi si crede autenticità pura e così si permette di ostentarsi. Il poeta sa che tramite la poesia può manifestare in qualche modo quel qualcosa che lo attanaglia, ma è anche cosciente del fatto che "ogni struttura letteraria è ironica"[133] perchè dice qualcosa di diverso da ciò che si voleva intendere. Per questo i poeti sono sempre parzialmente soddisfatti e parzialmente delusi, perchè sanno di avere costruito buone maschere, ma bramano di vedere il volto di cui la maschera potrà essere solo una riproduzione imperfetta.

Anche Pascoli sembra dirci che quando i poeti sono entusiasti non sono più poeti, ma cantori del Kitsch:

> Frulla un tratto l'idea nell'aria immota;
> canta nel cielo. Il cacciator la vede,
> l'ode; la segue: il cuor dentro gli nuota.
>
> Se poi col dardo, come fil di sole
> lucido e retto, bàttesela al piede,

[133] *Ibid.*, p. 298.

oh il poeta! gioiva; ora si duole.

Deh! gola d'oro e ochi di berilli,
piccoletta del cielo alto sirena,
ecco, tu più non voli, più non brilli,
più non canti: e non basti alla mia cena.[134]

Se il poeta non fa ironia sulla sua opera, diventa un poeta Kitsch, ovvero un bardo con intenzioni veritative. Gli aedi possono permettersi, anzi devono commuoversi di fronte ai loro e altrui versi, ma subito dopo è necessario anche che ne ridano, altrimenti scadono in un concitamento impudìco, che è Kitsch. Così scrive Milan Kundera nel romanzo *L'insostenibile leggerezza dell'essere*:

> Quella canzone la commuove, ma lei non prende sul serio la sua commozione. Sa benissimo che quella canzone è una bella menzogna. Nel momento in cui il Kitsch è riconosciuto per la menzogna che è, viene a trovarsi nel contesto del non-Kitsch. Perde in tal modo il suo potere autoritario ed è commovente come qualsiasi altra debolezza umana. Perchè nessuno di noi è un superuomo capace di sfuggire interamente al Kitsch.[135]

---

[134] G. PASCOLI, *Myricae*, Arnoldo Mondadori, Milano 1935, pp. 59-60.
[135] M. KUNDERA, *L'insostenibile leggerezza dell'essere*, Adelphi, Milano 1989, p. 262.

"Tempo fa ero indeciso,
ma ora non ne sono più così sicuro"

(*Boscoe Pertwee*)

Conclusioni

Pochi vocaboli compaiono sulla bocca di tutti come «ironia», eppure, o forse proprio per questo, il significato di tale parola sembra sfuggire un po' a chiunque: il concetto di ironia sembrerebbe assomigliare a quello di tempo, del quale Sant'Agostino scriveva come fosse nozione a tutti familiare e da tutti usata e intesa, ma da alcuno spiegata. Parafrasando l'antico vescovo d'Ippona potremmo dire: che cosa è dunque l'ironia? Se nessuno ce lo chiede, lo sappiamo, ma se dovessimo spiegarlo a chi ce ne chiede, non lo sappiamo[136].

Potremmo, in realtà, rimediare subito consultando un dizionario o un trattato di retorica, ma ci troveremmo sicuramente di fronte a poche righe che, crediamo, lasceranno un senso di insoddisfazione e di incompletezza. Che l'ironia sia nominata, utilizzata o richiesta in più situazioni ed in più campi di sapere, non è quindi una sorpresa; è piuttosto sorprendente invece il fatto che non molte siano le analisi sul significato esplicito ed implicito, storico e sociale di tale concetto.

Si è cercato qui, perciò, di porre la questione ironica partendo dalle sue fondamenta. Ma questo non vuol dire che ignoriamo l'importanza che l'ironia ha avuto e ha sempre di più nei vari campi specifici e tecnici della comunicazione, come ad esempio, nella comunicazione pubbli-

[136] Cfr. Sant'Agostino, *Le confessioni*, BUR, Milano 1974, p. 320.

citaria; difatti "il sistema più semplice per strutturare un titolo è — sostiene Annamaria Testa — costruirlo con una figura retorica" e, tra i tropi disponibili, l'ironia si distingue per essere "una tecnica affascinante"[137]. Non solo, Giampaolo Fabris nota come, negli anni novanta, si sia sviluppato un orientamento nuovo dei consumatori verso la pubblicità, il quale esige insistentemente che il messaggio commerciale sia gradevole e spiritoso: "l'insofferenza nei confronti dell'invadenza della pubblicità [...] va ascritta a questa richiesta di gradevolezza ed, in senso lato, di divertimento. Domanda che è mortificata dalla ripetizione continua ma soprattutto dall'assenza di humor, di garbata ironia ed autoironia, di uso intelligente delle figure retoriche, di garbata trasgressione, di suggestione estetica"[138].

Rimanendo ancora nel campo pubblicitario, sarebbe interessante analizzare, non solo l'ironia dei messaggi, ma anche l'ironia degli effetti che questi suscitano sul pubblico; possiamo a questo proposito richiamare quanto confessa ancora Giampaolo Fabris: "ricordo come, studiando molti anni fa l'efficacia di un comunicato televisivo per una marca di brandy, potemmo osservare che il pubblico, anzichè identificarsi con i consumatori della marca reclamizzata, si identificava con il non consumatore che, nello spot, veniva apertamente riprovato per una richiesta di brandy "qualsiasi". Il disagio creato da questa identificazione generava un effettivo moto di solidarietà per tale personaggio. Gli elementi esibizionistici, profondamente lesi dallo spettacolo, scatenavano una reazione aggressiva che poteva tradursi in un atteggiamento negativo verso il prodotto"[139]. Naturalmente questo tipo di reazione potrebbe

[137] A. Testa, *La parola immaginata*, Pratiche Editrice, Parma 1988, pp. 64 e 68.

[138] G. Fabris, *La pubblicità teorie e prassi*, FrancoAngeli, Milano 1996, p. 532.

[139] *Ibid.*, p. 361.

essere il risultato di qualsiasi tipo di comunicazione mediatica di massa.

L'ironia, poi, può dirsi concetto prolifico anche per quelle che possono essere le dinamiche di comunicazione all'interno di aziende, o comunque di organizzazioni in generale: si può immaginare uno stile di leadership improntato proprio sull'ironia. Ne emergerebbe, crediamo, un modo forse unico per comandare senza dare l'impressione di imporre ordini, bensì facendo percepire a tutti l'importanza del proprio ruolo ma anche il limite di quest'ultimo di fronte alla significatività degli obiettivi da raggiungere. La globalizzazione del mercato e la forte competitività ed incertezza, inoltre, hanno portato al cambiamento dei modi di governo delle imprese, così che "al management non basta conoscere fatti, nozioni e relazioni, esso deve anche saper capire i limiti della sua conoscenza per evitare le sindromi da *overconfidence*"[140]; è quindi necessaria un poco di autoironia.

Anche nell'attività politica si potrebbe procedere ad un analisi mirata verso l'ironia che potrebbe anche rilevarci come, forse, i criteri di scelta dei nostri candidati sono in fondo ridicoli, oppure che i nostri capi politici non sanno quello che fanno e dicono, anche se sembrano così convinti.

In un campo di studi particolare come la teologia basterebbe citare un pensiero di Gilberto Marconi ("come la speranza è la forma della fede, lo humor è la forma dell'etica"[141]), per far trasparire le possibilità di un'altra trattazione amplissima riguardo al tema dell'ironia.

Questi ed altri ambiti abbiamo qui tralasciato o solo sfiorato, ma credo che, proprio per le potenzialità immense

[140] A. Di Raco- G.M. Santoro, *Il manuale della comunicazione interna*, Guerini, Milano 1996, p. 89.

[141] G. Marconi, *Omelie e catechesi cristiane nel I secolo*, EDB, Bologna 1994, p. 96.

che apre l'argomentazione sull'ironia, in molti siano scappati di fronte alla sfida di darne una descrizione generale e davanti al tentativo di inquadrarne caratteristiche ben precise e conseguenze razionali. Perciò a noi è venuta la curiosità di scavare alla ricerca del senso intimo dell'essere ironici, e non essendo riusciti a contenere siffatta bramosia, abbiamo provato a descrivere gli aspetti e i risultati del modo di pensare, di esprimersi e di agire ironico.

Crediamo così di aver chiarito i momenti a nostro parere più importanti dell'ironia, seppure ci rendiamo conto che a farci da guida è sempre stata, come si è ammesso, la nostra impulsiva curiosità; per questo motivo siamo conviti, allora, che, persone con interessi e curiosità diverse, potrebbero facilmente scegliere e rivelare aspetti diversi ed anche più importanti della comunicazione ironica.

Al di là di tutto però, di una cosa siamo certi alla fine di questo studio; siamo assolutamente convinti che solo ora, cioè una volta affrontato questo lavoro, ci sarebbe personalmente possibile riiniziare una ricerca che analizzasse il concetto e l'uso dell'ironia all'interno di altri ambiti disciplinari più particolari e specifici.

Bibliografia

Accetto T., *Della dissimulazione onesta*, Einaudi, Torino 1996.

Adorno T., *Minima moralia*, Einaudi, Torino

Allemann B., *De l'ironie en tant que principe littéraire*, "Poetique", 36 1978, pp. 385-398.

Aristotele, *Etica Nicomachea*, Rusconi, Milano 1979.

Austin J. L., *Come agire con le parole. Tre aspetti dell'atto linguistico*, M. Sbisà (a cura di), *Gli atti linguistici*, Feltrinelli, Milano 1978.

Bange P., *L'ironie. Essai d'analyse pragmatique*, "Linguistique et sémiologie", 2 1978, pp. 61-83.

Barthes R., *La Retorica antica*, Bompiani, Milano 1994.

Bergson H., *Il riso*, BUR, Milano 1996.

Blasucci L., *Le ragioni storiche della satira leopardiana*, "Il materiale e l'immaginario", vol. IV, Loescher, Torino 1986, pp. 1003-1015.

Blok A., articolo nel giornale di Kiev, "Kietch", 7-XII-1908.

Bollabàs E., *Who's Afraid of Irony? An Analysis of Uncooperative Behaviuor in Edward Albee's "Who's Afraid of Virginia Woolf?"*, "Journal of Pragmatics", 5 1981, pp. 323-334.

Booth W. C., *A Rhetoric of Irony*, Chicago Press, Chicago 1974.

Boucher M., *Ironie romantique*, "Cahiers du Sud", 1937 ("Le Romantisme allemand"), p. 29.

Brunschvicg L., *De l'ironie dans les tragédies de Racine*, in "Revue des cours et conférences", dic. 1931.

Cadeddu J., *La Bustina di Minerva (1985-1994) di Umberto Eco. Aspetti ed effetti dell'ironia e della parola*, tesi di laurea, Università di Paris X Nanterre, dic. 1996.

Canilli A., *L'ironia e l'ineffabile*, "Giornale di Metafisica", 1959, pp. 502-537.

Canilli A., *L'ironia nel pensiero di Vladimiro Jankelevitch*, "Pensiero", (9) 1964, pp. 105-124.

Catechismo della Chiesa Cattolica, Edizioni Piemme, Casale Monferrato (AL) 1993.

Ceccarelli F., *Sorriso e riso*, Einaudi, Torino 1988.

Cervantes M., *Don Chisciotte della Mancia*, Orsa Maggiore, Catania 1994.

Cicerone, *L'excursus de ridiculis (De Oratore II 216-290)*, Palumbo, Palermo 1968.

Cohen J., *Théorie de la figure*, in "Communications", 16 1970, pp. 3-25.

Compagnon A., *La seconde main ou le travail de la citation*, Editions du Seuil, Parigi 1979.

D'Angelo P., *L'estetica del Romanticismo*, Il Mulino, Bologna 1996.

Debyser F., *Les mécanismes de l'ironie*, "Lectures", 9 1981, pp. 141-157.

Ducrot O., *Dire e non dire*, Officina, Roma 1979.

Ducrot O. e altri, *Les mots du discours*, Minuit, Paris 1980.

Eco U., *Trattato di semiotica generale*, Bompiani, Milano 1975.

Eco U., *Postille a "Il nome della rosa"*, "Alfabeta", 49 1983, pp. 19-22.

Eco U., *L'innovazione nel seriale*, dattiloscritto inedito.

Eco U., *Kant e l'ornitorinco*, Bompiani, Milano 1997.

Eco U., *Tra menzogna ed ironia*, Bompiani, Milano 1998.

Emerson J. P., *Negotiating the Serious Import of Humor*, "Sociometry", vol. 32, 2 1969, pp. 169-181.

Erasmo da Rotterdam, *L'Elogio della pazzia*, BUR, Milano 1984.

Fabro C., *Ironia*, "Enciclopedia Filosofica", vol. III, Sansoni, Firenze 1967, pp. 1080-1083.

Fornari F., *La comunicazione spiritosa*, Sansoni, Firenze 1982.

Freud S., *I motti di spirito*, Newton Compton, Roma 1970.

Genette G., *Palinsesti*, Einaudi, Torino 1997.

Giuliani M. V., Orletti F., *Aspetti dell'ironia linguistica*, in Mosconi G., D'Urso V. (a cura di), *Psicologia e Retorica*, Il Mulino, Bologna 1977, pp. 39-53.

Goffmann E., *Relazioni in pubblico*, Bompiani, Milano 1981.

Goffmann E., *Forme del parlare*, Bompiani, Milano 1987.

Goldstein J. H., McGhee P. E., *La psicologia dello humor*, Angeli, Milano 1976.

Goodmann N., *Vedere e costruire il mondo*, Laterza, Roma-Bari 1988.

Guglielmi G., *Ironia e negazione*, Einaudi, Torino 1974.

Hardy Th., *Life's Little Ironies*, London

Hegel G. W. F., *Lineamenti di filosofia del diritto*, Laterza, Bari 1965.

Hegel G. W. F., *Lezioni sulla filosofia della storia*, La Nuova Italia, Firenze 1941.

Hegel G. W. F., *Estetica*, trad. di N. Merker e N. Vaccaro, Einaudi, Torino 1976.

Hutcheon L., *Ironie et parodie: stratégie et structure*, "Poetique", 36 1978, pp.466-477.

Hutcheon L., *Ironie, satire, parodie. Une approche pragmatique de l'ironie*, "Poetique", 46 1981, pp. 140-155.

Jankelevitch V., *L'Ironia*, Il Melangolo, Genova 1997.

Kaufer D. S., *Understanding Ironic Communication*, "Journal of Pragmatics", 5 1981, pp. 495-510.

Kerbrat Orecchioni C., *Problemes de l'ironie*, "Linguistique et semiologie", 2 1978, pp. 11-46.

Kerbrat Orecchioni C., *L'ironie comme trope*, "Poetique", 41 1980, pp. 108-127.

Kerbrat Orecchioni C., *Comprendre l'implicite*, Centro Internazionale di Semiotica e di Linguistica, Urbino 1982.

Kierkegaard S., *Sul Concetto di Ironia*, BUR, Milano 1995.

Kierkegaard S., *Diario*, Morcelliana,Brescia 1980.

Koestler A., *L'atto della creazione*, Astrolabio, Roma 1975.

Kundera M., *L'insostenibile leggerezza dell'essere*, Adelphi, Milano 1985.

Leopardi G., *Operette morali*, Loescher, Torino 1977.

Lipps T., *Komik und Humor*, Voss, Hamburg u. Leipzig 1898.

Lolli G., *Il riso di Talete. Matematica e umorismo*, Bollati Boringhieri, Torino 1998.

Lukacs G., *Thomas Mann e la tragedia dell'arte moderna*, Feltrinelli, Milano 1956.

Manzoni A., *I Promessi Sposi*, Bruno Mondadori, Milano 1981.

Mann T., *La morte a Venezia*, Mondadori, Milano 1970.

Mandeville B. de, *La favola delle api*, Laterza, Bari 1988.

Marchese A., *Dizionario di retorica e stilistica*, Mondadori, Milano 1978.

Mariano B.M., Pacati C.M., *Il canto la sapienza la città*, Editore Bulgarini, Firenze 1989.
Messina G.L., *L'arte dello scrivere*, Angelo Signorelli editore, Roma 1958.
Minonne A., *Ce n'est qu'un des buts. Note sulla parodia*, "Lectures", 9 1981, pp. 159-170.
Minonne A., *Dal comico alla parodia: un percorso semiotico*, "Studi di estetica", nuova serie, I 1982, pp. 78-99.
Mizzau M., *Lector in facetia*, "VS", 33 1982, pp.29-35.
Mizzau M., *L'ironia*, Feltrinelli, Milano 1984.
Muecke D. C., *Analyses de l'ironie*, "Poetique", 36 1978, pp. 478-494.
Nietzsche F.W., *Al di là del bene e del male*, Newton Compton, Roma 1977.
Olbrechts Tyteca L., *Il comico del discorso*, Feltrinelli, Milano 1977.
Orazio, *Satire*, BUR, Milano 1981.
Origlia D., *Umorismo*, "Enciclopedia Filosofica", vol. VI, Sansoni, Firenze 1967, pp. 687-688.
Paulos J. A., *Mathematics and Humor*, The University of Chicago Press, Chicago 1980.
Perelman C., Olbrechts Tyteca L., *Trattato dell'argomentazione*, Einaudi, Torino 1989.
Pirandello L., *L' Umorismo*, Newton Compton, Roma 1993.
Platone, *Simposio*, Adelphi, Milano 1979.
Platone, *Protagora*, Laterza, Bari 1996.
Poland W. S., *Il posto dell'umorismo in psicoterapia*, "Aggiornamenti di psicoterapia e psicologia clinica", 2-3 1973, pp. 37-41.
Proust M., *Dalla parte di Swann*, Mondadori, Milano 1987.
Puglisi F., *L'estetica del riso ne "I Promessi Sposi"*, Cedam, Padova 1951.
Raimondi E., *Il romanzo senza idillio. Saggio sui "Promessi Sposi"*, Einaudi, Torino 1974.
Rensi G., *La filosofia dell'assurdo*, Adelphi, Milano 1991.
Ricoeur P., *La metafora viva*, Jaca Book, Milano 1981.
Scarpa A., *L'umorismo nei "Promessi Sposi"*, Bocca, Torino 1932.
Schlegel F., *Lyceum*, frammenti 42 e 48.
Schlegel F., *Frammenti critici e scritti di estetica*, Sansoni, Firenze 1967.
Searle R.J., *Atti linguistici indiretti*, M. Sbisà (a cura di), *Gli atti linguistici*, Feltrinelli, Milano 1978.

Indice